GSi

Grenzstein mit dem Wappen des Basler Fürstbischofs Simon Niklaus von Montjoie (1762-75), der aus einem Adelsgeschlecht des oberen Doubs-Tales stammte. Der Stein stand ursprünglich an der früheren Landesgrenze zwischen Bottmingen und Reinach und befindet sich heute im Bottminger Schlosspark.

LEIMENTAL

Dörfer und Landschaft an Birsig und Blauen

Text
Dominik Wunderlin

Fotos
Beat Trachsler

GS-Verlag Basel

Titelbild:
Blick von der Landskron auf die fruchtbaren Äcker auf der Egg.

Die Deutsche Bibliothek – CIP-Einheitsaufnahme

Leimental: Dörfer und Landschaft an Birsig und Blauen /
Dominik Wunderlin und Beat Trachsler. – Basel: GS-Verl., 1993
ISBN 3-7185-0135-X

© GS-Verlag Basel, 1993
Gestaltung: Beat Trachsler, Basel
Lithos: Fototechnisches Atelier Fredi Zumkehr, Basel
Satz: WIRB, R. Grollimund, Basel
ISBN 3-7185-0135-X

Inhalt

- 7 Zum Geleit
- 9 Das Leimental – Wo sich die Schweiz und das Elsass am nächsten sind
- 21 Karte
- 22 Binningen
- 34 Bottmingen
- 44 Oberwil
- 56 Therwil
- 66 Ettingen
- 78 Witterswil
- 90 Bättwil
- 100 Biel-Benken
- 114 Flüh
- 124 Hofstetten und die Burg Rotberg
- 136 Metzerlen
- 146 Mariastein
- 156 Leymen und die Landskron
- 174 Liebenswiller
- 184 Rodersdorf
- 194 Biederthal
- 204 Burg
- 214 Wolschwiller
- 226 Literaturauswahl

Zum Geleit

Was einst der Schriftsteller Hermann Hiltbrunner (1893-1961) in seinem „Lob des Leimentals" in tiefgefühlter Erinnerung an seine Kindheit und Jugend im Lehrerhaus von Biel-Benken besungen hat, das liegt heute in einem prächtigen Bildband vor uns: ein neues Loblied in Wort und Bild auf das Tal, das sich in den letzten Jahrzehnten zwar stark verändert hat, aber seinem tiefsten Wesen treu geblieben ist.

Es ist das Tal, das vom Rämel her sich im Süden an die Blauenkette des Jura anlehnt und dem Birsig entlang bis in den Sundgau hinein und bis an die Tore von Basel sich erstreckt. In der Nähe der Stadt sind die Veränderungen am augenscheinlichsten. Hier haben sich die ursprünglichen Dörfer zu Schlafstädten entwickelt, in denen immer mehr Hochhäuser dem Himmel entgegenwachsen. Am Oberlauf des Birsig, in den solothurnischen und elsässischen Dörfern, ist gottlob noch viel vom Atem und von der Seele der Vorzeit zu spüren, von jener Zeit, da das Vallis lutosa, das „lehmige" Tal, seinen Namen einem kirchlichen Sprengel, dem „Dekanat Leimenthal", gab, das sich vom Passwang bis in den Sundgau und vom Rämel bis ans Rheinknie ausdehnte. Damals waren die Bewohner des Tales trotz der verschiedenen politischen Zugehörigkeit noch eines Glaubens; sie pilgerten noch einmütig zur Madonna im Stein, dem religiösen Mittelpunkt des Tales. Auch das wirtschaftliche und soziale Gefüge in den Dörfern war noch viel einheitlicher als heute. Inzwischen ist auch das Leimental vielgestaltig in jeder Beziehung geworden. Aber immer noch kommen zahlreiche Menschen aus den lärmigen und luftverpesteten Ortschaften der Fabriken in das hintere Leimental, um da die verlorene Stille, Ruhe und Besinnlichkeit wieder zu finden und zu geniessen. Sie kommen schon lange und heute im Zeitalter der Mobilität und des Tourismus besonders gern auch aus der weiteren Umgebung in unser Tal, das seinem Wesen nach ein Grenztal ist.

Das zeigt der Birsig, der ein internationales Gewässer ist. Seine beiden Quellen entspringen in zwei Staaten: die eine am Galgenfels am Fuss des Rämels, in der Gemeinde Burg, die andere im elsässischen Dorf Wolschwiller. Von seinen Quellen bis zur Landesgrenze bei Benken sind drei „Dreiländer"-Steine zu finden. Das zeigt auch die Linie 10 der BLT, die von Rodersdorf über Basel nach Dornach führt und die längste Trambahn Europas sein soll: Sie fährt bei Leymen über französisches Gebiet. Das zeigen auch die Arbeiter in den Fabriken des Tales und die Pilger am Wallfahrtsort Mariastein, die vornehmlich aus dem Sundgau, aber auch aus Südbaden stammen.

Im Zeitalter der werdenden EG, die ein friedliches und geeintes Europa zum Ziele hat, sind unser Leimental und das Dreiländereck, d.h. die ganze Regio Basiliensis, berufen und befähigt, zur Verwirklichung dieses erstrebenswerten Zieles ihren Anteil beizutragen.

Dazu kann auch der vorliegende Bildband „Leimental" seinen Beitrag liefern, weil er im Wort und im Bild zeigt, dass trotz aller Grenzen die Menschen friedlich und einmütig zusammenleben können.

Dank und Anerkennung gebührt deshalb den beiden Autoren des Werkes: dem Volkskundler Dominik Wunderlin, der unser Tal und seine Ortschaften dem Leser knapp, aber wesentlich präsentiert, und dem Fotografen Beat Trachsler, der in prächtigen Bildern den Geist und die Seele der Menschen und der Landschaft an Birsig und Blauen aufleben lässt und für immer gekonnt festhält. Dank gebührt auch dem GS-Verlag Basel, der dieses Werk angeregt hat und herausgibt.

Abt Mauritius Fürst
Kloster Mariastein

Das Leimental – Wo sich die Schweiz und das Elsass am nächsten sind

Wer mit wachen Augen eine Grenze, zumal eine Kantons- oder Landesgrenze, überschreitet, dem fallen rasch kleinere und grössere Unterschiede auf. Wer eine Reise durch das Leimental macht, der wechselt immer wieder über eine Grenze. Wer indes diesen Landstrich aus der Vogelschau betrachtet, vermag ohne sehr gute Ortskenntnisse kaum den genauen Grenzverlauf auszumachen. Und wer dieses Land durchwandert, wird feststellen, wie seltsam hier Kantons- und Staatsgrenzen durch das Einzugsgebiet des Birsig ziehen, Grenzen, die nur geschichtlich verstanden werden können.

Kalk und „Leim"

Geologisch gehört das ganze Leimental zur Oberrheinischen Tiefebene und bildet ihren südlichen Abschluss. Es liegt in der Kontaktzone zum Kettenjura, dessen letzte Falte die Blauenkette darstellt. Der strukturell definitiv letzte Teil des Ketten- oder Faltenjuras bildet das kleine Vorgewölbe der Landskronkette. Mit ihr tauchen die jurassischen Kalkschichten in die Tiefe; die Gesteine, die das Leimental aufbauen, sind jüngeren (tertiären) Alters. Im Untergrund liegen hier in mehreren Schichten Ablagerungen eines Meeresarmes, der sich nach dem Einbrechen des Oberrheingrabens gebildet hat. Dieses

Schichtpaket besteht aus Glimmersand und Sandstein der „Elsässer Molasse" sowie aus Mergel und Tonen. Hier findet sich auch der „blaue Letten", der – wie der jüngere Lösslehm – für die Herstellung von Ziegeln und Backsteinen verwendet wurde. Die ältesten Gesteinsformationen in unserem Raum sind die aus Malmkalken gebildeten Felsklötze in der Landskron- und Blauenkette; sie wurden im Mittelalter zu bevorzugten Bauplätzen für Adelssitze.

Über den marinen Ablagerungen des Tertiärs, die in der Regel nur in Hanglagen des hinteren Talabschnittes anstehen, begegnen wir fluvialem Schotter aus den Eiszeiten, als zunächst die Ur-Aare via Basel durch die Burgunderpforte gegen das Saône-Tal floss. Damals war der Alpenrhein ein Donauzufluss. In einer späteren Phase war es dann der eiszeitliche Rhein, der auf einem bedeutend höheren Niveau als heute teilweise quer über das Leimental zog. Vor allem die alpinen Schotter der Ur-Aare sind stark verwittert.

Der heute die sanften Hügelzüge bedeckende Löss ist eine mehlfeine Ablagerung aus Gesteinsstaub, der während Jahrtausenden aus den Vorfeldern der Gletscher durch die Winde herantransportiert und abgelagert wurde. Die in Oberflächennähe zu Lösslehm verwitterte Lössdecke liefert gute Ackerböden, die frei von Steinen sind. Praktisch die gleichen Eigenschaften besitzen auch die Felder im Talboden, die ihre Entstehung allerdings den nacheiszeitlichen Ablagerungen des Birsig und seiner

Zuflüsse verdanken. Als „Bersih" begegnet uns das Flüsschen erstmals urkundlich im Jahre 1004.

Dem Tal aber gab nicht das Gewässer seinen Namen, sondern der einheimische Lehm, der „Leim" in der hiesigen Mundart. Als „Leimtal" wird unsere Gegend 1274 in den schriftlichen Quellen fassbar. Aus verschiedenen Belegen wird zudem erkennbar, dass man unter dieser bis ins 17. Jahrhundert verwendeten Form das ganze Einzugsgebiet bis hinein in die Stadt Basel begriff. Die im vorderen Teil des Tales, vor allem in den stadtnahen Gemeinden heute auch gebräuchliche Bezeichnung „Birsigtal" entstand erst im 19. Jahrhundert; sie dürfte durch die 1887 eröffnete „Birsigthalbahn" volksläufig geworden sein.

Korn und Wein

Überall am Birsig und an seinen Nebenbächen sind Mühlen anzutreffen. Sie hatten das Getreide zu mahlen, das auf den fruchtbaren Böden des Tals gedieh.
Die oft stattlichen Mühlen sind wie die meisten älteren Leimentaler Häuser hübsche Fachwerkbauten. Für die Ausfüllung der Gefache wurde früher Löss und Lösslehm verwendet, den man mit Stroh vermischt oder auf einem Rutengeflecht verstrichen hat. Auch der im Leimental wie im ganzen Sundgau typische Aussenbackofen ist aus Lehm gefertigt.

Zu einem gesegneten Landstrich wurde das Leimental auch durch die klimatische Gunst, welche das Tal und die ganze Gegend am Oberrhein der Burgunder Pforte zu verdanken hat. Durch diesen breiten Durchlass zwischen Jura und Vogesen erreichen uns warme Winde und Regen, aber gelegentlich auch schwere Wetter. Die Burgunder Pforte brachte mit dem Hauch des Mittelmeeres auch manche Tiere und Pflanzen in unseren Raum. Dass an sonnigen Hängen Wein wächst und in geschützten Lagen sogar Aprikosen und Pfirsiche gedeihen, ist ebenfalls der Klimagunst zuzurechnen.

Alter Siedlungsraum

Die Fruchtbarkeit des Leimentals hat schon früh Menschen veranlasst, ihren Fuss in unsere Gegend zu setzen. Unsere Region gehört mit zu den ältesten Siedlungsgebieten der Schweiz. Im Büttenloch, einem Abri hinter dem Ettinger Bad, hielten sich Jäger bereits vor etwa 12'000 Jahren, in der Altsteinzeit, auf. In der jüngeren Steinzeit (5000-2000 v. Chr.), als der Mensch es verstand, wetterfeste Häuser zu bauen und die Böden für Ackerbau zu nutzen, errichtete er auch im Leimental die ersten Siedlungen, so auf dem Lindenfeld bei Therwil. Dass sich seither Leute in unserem Tal aufhalten, belegen auch viele Funde aus den nachfolgenden Epochen, aus der Bronze- und Eisenzeit.

Im ganzen Tal finden sich zahlreiche Spuren aus der Römerzeit. Entdeckt wurden vor allem Siedlungsreste, die auf römische Bauerngüter (villae rusticae) hinweisen. Wiederholt stiessen Archäologen auf Strassenstücke, die möglicherweise römischen Ursprungs sind. Der angeblich „Römische Grenzstein" zwischen Oberwil und Therwil lässt sich in ein vermutetes Vermessungsnetz – von Augst ausgehend – einordnen, könnte aber auch ein Meilenstein an einer Römerstrasse gewesen sein.

Nach dem Abzug der Römer (um 400) waren es die Romanen (die romanisierte, einheimische Bevölkerung), die im Leimental verblieben und es weiter bewirtschafteten. Seit dem 6. Jahrhundert verschmolzen sie sich allmählich mit den Alamannen, welche über den Rhein gekommen waren und das Land in Besitz nahmen. Wie die ganze Nordschweiz wurde auch unsere Gegend germanisiert. Die Alamannen gründeten neue Siedlungen; aus vielen sind im Laufe der Zeit die heutigen Dörfer herausgewachsen, andere sind später wieder untergegangen, in Kriegszeiten und in Seuchenjahren.

Lehenswesen, Reformation und Kriege

Bereits im 6. Jahrhundert geriet unser Land unter die Herrschaft der Franken, welche ihre Gauordnung einführten und das Christentum brachten. Die Kirchen von Metzerlen, Oberwil und Wisskilch (zwischen Benken und Leymen), das Margarethenkirchlein bei Binningen sowie die St. Johannes-Kapelle von Hofstetten gehören zu den ersten Gotteshäusern im Leimental. Als frühe Zeugen des Christentums sind schon wiederholt Gräber mit kulturgeschichtlich aussagekräftigen Beigaben freigelegt und untersucht worden.

Das fränkische Verwaltungssystem, das Lehenswesen, sollte bis zur französischen Revolution seine Gültigkeit bewahren. Mit den Lehen, die allmählich durch Gewohnheitsrecht erblich wurden, sind nicht nur adelige Familien, sondern auch geistliche Herren belehnt worden.

Aus einer der frühesten Urkunden unserer Gegend wissen wir, dass König Heinrich II. Anno 1004 dem Bischof von Basel die Hard im Elsass schenkte, die bis an den Birsig reichte. Damals kam sicher das untere Leimental in bischöflichen Besitz. Schon vor dieser Schenkung gelangten die ebenfalls bischöflichen-baslerischen Dörfer Therwil, Ettingen und Bättwil an die Reichenau. Das Bodensee-Kloster belehnte damit die Grafen von Thierstein, welche auch Benken in Besitz hatten, während Biel dem Domstift gehörte. Als Vögte wirkten in beiden Dörfern die Schaler, ein bischöfliches Dienstmannengeschlecht.

Im ausgehenden Mittelalter – als der Adel verarmte – suchten die reichen Städte Basel und Solothurn ihren Besitz auszudehnen, was wiederholt zu Auseinandersetzungen führte. Die Stadt Solothurn erwarb 1515 aus den Händen der Herren von Rotberg die Dörfer Metzerlen, Hofstetten, Witterswil und Rodersdorf; die Rotberger waren ein Zweig der Adelssippe Biederthal-Ratolsdorf, welche im 12. Jahrhundert im hinteren Leimental auftauchte.

Nach dem Aussterben der Thiersteiner stritten sich die beiden Städte jahrzehntelang um Therwil und Ettingen; sie wurden schliesslich dem Fürstbistum zugesprochen. Bättwil dagegen besetzte Solothurn 1519 kurzerhand, als Gefahr drohte, dass Basel das Dorf erwerben würde; durch die Vermittlung von Bern vermochte Solothurn später das Dorf zu kaufen. Erfolgreich war die Stadt Basel dafür 1526, als sie Biel und Benken kaufen konnte, und 1534 gingen Binningen und Bottmingen zunächst pfandweise, 1585 endgültig in den Besitz der Stadt Basel über.

In der Reformationszeit traten die bischöflichen Dörfer, die sich 1525 mit der Stadt Basel verburgrechtet hatten, zum neuen Glauben über. Oberwil, Therwil und Ettingen kehrten erst um 1590 – unter dem energischen Fürstbischof Jakob Christoph Blarer von Wartensee – zur katholischen Konfession zurück. Nur episodischen Charakter hatte hingegen die Reformation in den solothurnischen Leimental-Dörfern und in Mariastein (1529-34). Um 1600 zeigten sich die territorialen Verhältnisse im heute schweizerischen Teil des Leimentals folgendermassen: Binningen, Bottmingen, Biel und Benken gehörten zum stadtbaslerischen Amt Münchenstein, Oberwil, Therwil und Ettingen zum fürstbischöflichen Amt Birseck, Burg zur kleinen Herrschaft der Herren von Wessenberg und die solothurnischen Dörfer am Blauen zur Vogtei Dorneck. Alle diese Dörfer, die grösstenteils auch im Schwabenkrieg (1499) heimgesucht wurden, erlebten im Dreissigjährigen Krieg – unbesehen ihrer politischen Zugehörigkeit und ihrer Konfession – schwere Zeiten, vor allem in den Jahren der Schwedeneinfälle (1633-39).

Unter den Plünderungen und Brandschatzungen zu leiden hatten ebenso die vier elsässischen Dörfer Leymen, Liebenswiller, Biederthal und Wolschwiller. Sie gehörten alle zur alten Herrschaft der Grafen von Pfirt, die aus dem Geschlecht der Grafen von Montbéliard–Bar-le-Duc herausgegangen waren. Beim Erlöschen der Pfirter im Mannesstamm 1324 fiel die bedeutende Herrschaft an Habsburg-Österreich und nach dem Westfälischen Frieden 1648 an die französische Krone.

Neue Herren, neue Grenzen

Bald nach der Französischen Revolution ging das Fürstbistum unter. Nach der kurzlebigen Raurachischen Republik (1792-93) kamen die fürstbischöflichen Dörfer und Burg, das fürstbischöfliche Lehen der Wessenberger, zu Frankreich, wo sie bis zum Wiener Kongress das Schicksal mit den elsässischen Dörfern teilten.

Dann wurden die birseckischen Dörfer des aufgelösten Fürstbistums dem Kanton Basel zugeteilt und mit den seit Jahrhunderten schon baslerischen Dörfern im gleichen Amt vereint. Nach der Kantonstrennung wurden sie Teil des Bezirks Arlesheim im Kanton Basel-Landschaft. Das kleine Burg wurde am Wiener Kongress mit dem Laufental und dem Jura in den Kanton Bern eingegliedert.

Mit dem eindrücklichen Ja des Schweizer Volkes in der eidgenössischen Volksabstimmung vom 26. September 1993 erhalten Burg und die anderen zwölf Laufentaler Gemeinden das Recht, sich auf den 1. Januar 1994 dem Kanton Basel-Landschaft anzuschliessen. Somit wurde nach fast 180 Jahren ein Entscheid der damaligen europäischen Diplomatie auf demokratischem Wege korrigiert.

Das solothurnische Leimental schliesslich bildete – wie auch die stadtbaslerischen Dörfer Biel und Benken – während der Franzosenzeit eine schweizerische Exklave und erlebte aus dieser Position den Untergang der alten Eidgenossenschaft und die Jahre der Helvetik und Mediation. Heute gehören die Solothurner Gemeinden zum Amt Dorneck-Thierstein.

Regen Anteil am Schicksal der elsässischen Nachbarn nahm die schweizerische Grenzbevölkerung in den drei grossen Kriegen, welche Deutschland und Frankreich zwischen 1870 und 1945 miteinander führten. Zwar geriet das Leimental nie direkt ins Kriegsgeschehen, aber Blutzoll hatte es trotzdem zu bezahlen; jedes Dorf besitzt sein Mahnmal, das die auf den Schlachtfeldern gefallenen Söhne ins Gedächtnis ruft.

Eine besondere Erinnerung an den 1. Weltkrieg besitzt Leymen: Aufgrund der ungewöhnlichen Grenzlage errichteten die Deutschen eine elektrische Grenzsperre im Eichwald zwischen Benken und Rodersdorf. Das Dorf wurde dadurch vom restlichen Elsass isoliert. Zu Beginn des 2. Weltkrieges wurde die Bevölkerung aller Sundgaudörfer vorübergehend in die Landes am Atlantik evakuiert und gemeindeweise in dortigen Dörfern einquartiert; noch heute bestehen oft gute – gelegentlich sogar verwandtschaftliche – Beziehungen zu den Dörfern, die seinerzeit die exilierten Elsässer aufgenommen hatten.

Durch die Kriege erlebten die elsässischen Nachbarn auch den wiederholten Wechsel der Staatszugehörigkeit: Nach dem Deutsch-Französischen Krieg von 1870/71 war das Elsass ein Teil des Deutschen Kaiserreichs, und 1940-44 war es von Nazi-Deutschland besetzt.

Die ältere Generation in den Schweizer Grenzdörfern weiss noch heute über viele tragische Vorfälle aus den Jahren zu berichten, als die Wehrmacht und die Nazi-Schergen jenseits des Grenzpfahls standen. Als diese abgezogen waren und bald danach die Friedensglocken läuteten, feierten die Schweizer und Elsässer nicht nur gemeinsam, sondern erstere leisteten auch Hilfe, wo sie konnten. Diese Nachbarschaftshilfe und Solidarität können als Zeichen dafür gesehen werden, dass die Leimentaler ein Zusammengehörigkeitsgefühl besitzen, die keine Grenzziehung und -verschiebung im Laufe der Jahrhunderte je auslöschen konnte.

Einheit und Wandel einer Kulturlandschaft

Während des späteren 19. Jahrhunderts begann – von Basel ausgehend – der zunächst langsame Prozess der

Veränderung der Leimentaler Dörfer. Mit dem Wachstum der Stadt setzte eine Verstädterung ein, die um 1950 erst bis Binningen und Bottmingen gegangen war, seither aber Therwil und auch Ettingen erreicht hat. Die restlichen Dörfer des Leimentals zählen nun zur ländlichen Übergangszone. In allen Dörfern gibt es heute nur noch wenige Bauernbetriebe, die meisten Erwerbstätigen verdienen sich den Lebensunterhalt in Industrie, Gewerbe und Dienstleistungsunternehmen. Dabei sind Wohn- und Arbeitsort nur selten identisch. Der Bewohner des Leimentals ist mehrheitlich Pendler, und er ist auch zu einem guten Teil ein recht neuer Leimentaler. Denn er ist oft ein Zuzüger aus der Stadt oder aus anderen Gegenden, der sich in den neugeschaffenen Wohnzonen niedergelassen hat. Deshalb haben sich heute viele Leimentaler Gemeinden der nicht leichten Aufgabe zu stellen, wie sie die Zuzüger zu integrieren vermögen, damit ihre Dörfer nicht zu anonymen Schlafgemeinden verkommen.

Wer im Leimental wohnt und lebt und dessen Geschichte kennt, der weiss, wieso hier die Grenzverhältnisse so kompliziert sind. Aber er weiss auch, dass diese Grenzen, vorab die Landesgrenze(n), – in der Vergangenheit noch fast mehr als heute – kein Hindernis für Beziehungen in beiden Richtungen waren. So gingen z.B. manche bis um 1800 ins Ausland zur Kirche, denn es gab nicht weniger als drei historisch gewachsene, „internationale" Pfarreien (Oberdorf-Neuwil, Wisskilch und Rodersdorf).

Wie unkompliziert bis zum 1. Weltkrieg die Staatsgrenze betrachtet wurde, zeigte sich noch um 1909, als die Birsigthalbahn-Gesellschaft ohne jahrelange Verhandlungen die Erlaubnis erhielt, das Trassee durch das Gebiet des damals reichsdeutschen Leymen zu führen; bereits am 1. Mai 1910 fuhr der erste Zug. Und noch ein Beispiel: Die elsässischen Leimental-Dörfer werden – mit Ausnahme von Wolschwiller – durch die Elektra Birseck Münchenstein (EBM) mit Elektrizität versorgt.

Die politische Zerrissenheit des Leimentals seit mehr als tausend Jahren konnte nicht verhindern, dass der Landstrich beidseits des Birsig und am Nordabhang des Blauen als Kulturlandschaft eine Einheit darstellt. Dazu gehört eine gemeinsame Sprache ebenso wie gleiche Traditionen im Brauchtum des Jahres- und Lebenslaufs. Auch die althergebrachten Formen im Hausbau sind Teil davon, ebenso wie die Verehrung „Unserer lieben Frau im Stein" durch die katholischen Leimentaler sowie durch die Sundgauer, als deren östlichste Angehörige die Bewohner des Leimentals eigentlich anzusehen sind. Doch gemeinsam sind sie auch Bewohner einer Region, die als Regio Basiliensis seit über einer Generation ein Begriff ist.

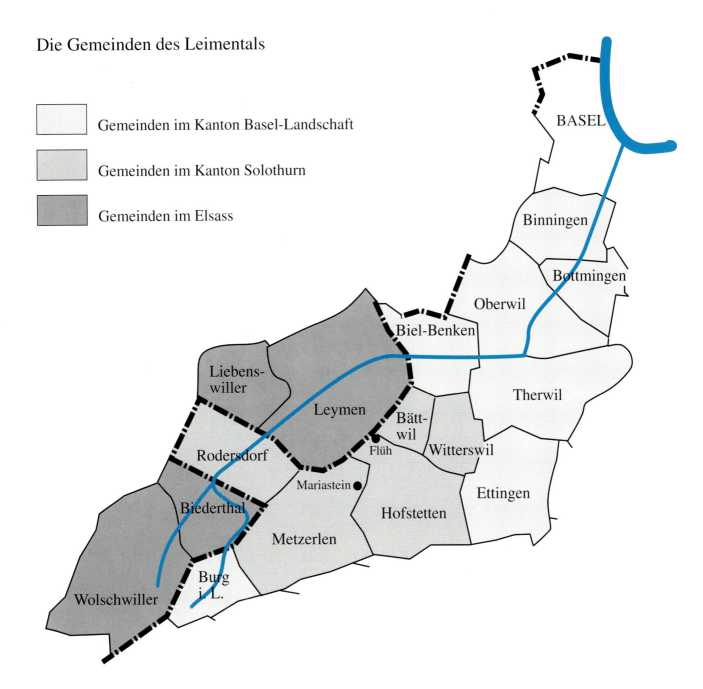

Binningen
Binnige
Wäie-Chöpf
Wäie-Rämft

Kanton Basel-Landschaft
Bezirk Arlesheim
Höhe m.ü.M. 292
Fläche in ha 443
Einwohner (1992) 13'845

Vom westlichen Ausläufer des Bruderholzes, dem Margarethenhügel, grüsst das St. Margarethen-Kirchlein jeden, der ins Leimental tritt.

Die reformierte Pfarrkirche St. Margarethen besitzt eine rund tausendjährige Geschichte. 1673 wurde die heutige Anlage mit dem Winkelhakengrundriss eingeweiht. Das Vorbild für einen Bau mit zwei, einen Winkel bildenden Kirchenschiffen lieferte die Stadtkirche von Freudenstadt im Schwarzwald (1601-1608). Dieser in der protestantischen Sakralarchitektur seltene Grundriss findet sich in der Schweiz nur noch in Wintersingen BL (1676). Das zur Kirchenanlage gehörende Landgut ist aus einer mittelalterlichen Schwesternklause hervorgegangen. Zu dem zwischen 1546 und 1896 in Privatbesitz befindlichen, seither der Stadt Basel gehörenden Gut gehört seit dem 19. Jahrhundert auch der St. Margarethen-Park.

BINNINGEN

Am Eingang des Leimentals liegt die Wohngemeinde Binningen, eine der acht Baselbieter Stadtgemeinden. Der Ort ist heute weitgehend verwachsen mit den südlich gelegenen Aussenquartieren der Stadt Basel. Vom alten Bauerndorf, das auf einer Terrasse links des Birsig angelegt wurde, ist durch die Siedlungsentwicklung der letzten hundert Jahre nicht mehr viel zu erkennen. Geblieben sind vereinzelte Bauernhäuser links und rechts der Hauptstrasse und einige wertvolle Gebäude: das Binninger Schloss, das Holeeschlösschen, das Neubad und die St. Margarethen-Kirche. Vor allem in den Jahrzehnten seit dem letzten Weltkrieg ist Binningen die seitlichen Hänge emporgewachsen und hat sich westwärts bis zum Allschwiler Wald ausgedehnt.

Die 1004 in einer königlichen Urkunde erstmals erwähnte Siedlung „Binningun" gehörte dem Bischof von Basel und bildete bis 1837 mit Bottmingen eine Gemeinde. Kurz nach der Reformation gingen die beiden Dörfer 1534 als Pfand an die Stadt, welche sie 1585 durch Kauf erwerben konnte. Bis 1798 gehörten die beiden Dörfer zum Amt Münchenstein. Nach der Kantonstrennung von 1832/33 kamen sie zum Bezirk Arlesheim.

Die St. Margarethen-Kirche war das Gotteshaus von Binningen, Bottmingen und Gundeldingen und bildete bis 1708 eine Filiale von St. Elisabethen in Basel. Noch heute sind die Reformierten von Binningen und Bottmingen in *einer* Kirchgemeinde organisiert; auch die seit dem letzten Jahrhundert zugewanderten Katholiken der beiden Gemeinden haben Ende des 19. Jahrhunderts eine gemeinsame Kirchgemeinde gegründet.

Mit der Eröffnung der Birsigtalbahn 1887 begann für Binningen eine neue Zeit: Das Dorf wurde allmählich vom starken Wachstum der benachbarten Stadt erfasst und schliesslich überformt. Binningen ist heute eine typische Vorortsgemeinde, die allerdings ihre Selbständigkeit nicht zuletzt durch ein reiches Kultur- und Vereinsleben unter Beweis stellt.

Von 1900 bis zur Umstellung der Birsigtalbahn zur BLT-Strassenbahnlinie 10/17 im September 1984 war die Heuwaage Ausgangspunkt für Ausflüge ins Leimental. Heute wird der Platz als Wendeort für Einsatzkurse verwendet. Das in Fachwerk konstruierte Jugendstil-Bahnhöfchen dient nun als Gästebahnhof der Brauerei Feldschlösschen in Rheinfelden.

Der Birsigviadukt zwischen Markthalle und Steinenring ist für alle, die von der Heuwaage her ins Birsigtal fahren, so etwas wie das Tor zum Leimental. Das Bauwerk wurde übrigens um 1860 als Eisenbahnbrücke für die Elsässerbahn errichtet, die bis zu ihrer Verlegung im Jahre 1901 über dieses Trassee dampfte.

Der breite Hügel westlich des alten Dorfes wurde vor allem in den letzten Jahrzehnten überbaut. Im Hintergrund der St. Margarethenhügel und das offene Hochrheintal.

Jonas Breitenstein (1828-1877)

Der Regenbogen (1846)

Lueg doch de Regeboge
am Himmel oben a;
so lieblig isch er boge,
s si sibe Farbe dra.
Wit übers Hus und d Felder,
wit über Berg und Land
und über grüeni Wälder
het in der Herget gspannt.

Dur schwarzi Wulche goht er
am höche Himmelszelt,
uf blaue Berge stoht er
am End fast vo der Welt.
Us fine Düfte gwobe,
us Himmelsfarbe gmacht
lacht er am Himmel obe
in siner Farbepracht.

Was sell er denn bidüte,
dä Regeboge dört,
worum von alle Lüte
wird er so gliebt und gehrt?
He lueg, i ha mi bsunne
und cha ders säge scho,
er zeigt, ass alliwil d Sunne
sig us im Rege cho.

Eine Gedenktafel an der St. Margarethenkirche erinnert an den ersten bedeutenden Baselbieter Mundartdichter Jonas Breitenstein (1828-1877), der während achtzehn Jahren Pfarrer in dieser Kirche war.

Das 1973 eröffnete Bruderholzspital der Basler Architekten Suter+Suter ist dank seiner exponierten Lage und seiner massigen Form ein von weither sichtbarer Orientierungspunkt. Die Lage des Spitals – lediglich 300 m von der Kantonsgrenze entfernt – ist von Stadtbasler Seite schon oft als Akt der Provokation des Nachbarkantons gedeutet worden. Tatsächlich hat der Kanton Basel-Landschaft seine zweite Klinik nicht gebaut, um das Basler Spitalwesen zu konkurrenzieren, sondern auf die bestimmte Aufforderung der Stadt hin, seine medizinische Versorgung auszubauen!

Das Binninger Schloss wurde in der 2. Hälfte des 13. Jahrhunderts als Weiherhaus errichtet. Von 1545 bis 1556 gehörte es Johann van Bruck, der es 1546 umbauen liess. Als nach seinem Tode bekannt wurde, dass er in Wirklichkeit David Joris geheissen hatte und Anführer einer niederländischen Täufergemeinde gewesen war, wurde sein Leichnam exhumiert und mitsamt seinem Bildnis und seinen Schriften verbrannt; seither soll es im Schloss spuken. 1662-1738 wurde das Schloss von der Bündner Adelsfamilie von Salis-Marschlins bewohnt. Im 18. und 19. Jahrhundert erfolgten starke bauliche Veränderungen und die Auffüllung des Weihers. Seit 1870 dient das Schloss als Gastwirtschaft.

Unweit des Dorenbachs steht das spätgotische Holeeschloss. Es wurde um 1553 durch den niederländischen Täuferführer David Joris als Landsitz errichtet.

Eine Strasse im Dorfkern ehrt mit ihrem Namen den Binninger Bürger Curt Goetz (1888-1960), Verfasser erfolgreicher Bühnenstücke und Romane (u.a. Dr. med. Hiob Prätorius, Die Tote von Beverly Hills, Die Memoiren des Peterhans von Binningen).

Im Ortsmuseum hat ein Stück Basler Fasnachtskultur eine würdige Heimat gefunden: die Sammlung der Masken aus dem Basler Larvenatelier Tschudin (1925–1984).

Legende zu Seite 33

In seinem Unterlauf ist der Birsig weitgehend kanalisiert. Das Flüsschen erhält damit einen Vorgeschmack für sein Schicksal, das es auf seinem letzten Kilometer vor der Einmündung in den Rhein erwartet: die „Basler Unterwelt". Man mag dies als Undank der Städter betrachten, die sein Wasser seit dem 13. Jahrhundert für viele Gewerbe genutzt hatten, namentlich am Rümelinbach, einem „Dyg", der noch auf Binninger Boden beginnt. Anderseits ist festzuhalten, dass die Talniederung vor der Kanalisation periodisch von Hochwassern überschwemmt wurde und das Wasser manchmal grosse Schäden an Kulturen angerichtet hatte.

Das links im Bild sichtbare sogenannte Balik-Haus mit dem Stufengiebel war einst ein Nebengebäude des Binninger Schlosses.

Bottmingen
Bottmige
Brotheimer
Brotfrässer

Kanton Basel-Landschaft
Bezirk Arlesheim
Höhe m.ü.M. 295
Fläche in ha 299
Einwohner (1992) 5'640

Das Weiherschloss Bottmingen wurde Ende des 13. Jahrhunderts als Sitz eines bischöflichen Ministerialen erbaut. Es gelangte bereits im 15. Jahrhundert in private Hände. Unter einem der zahlreichen Besitzer wurde das Schloss 1720 in einen barocken Landsitz im französischen Stil (Mansarddächer) umgebaut; von einem Zeitgenossen wurde es damals „mit einem königlichen Schloss oder Louvre" verglichen. Von den ursprünglich vier Ecktürmen wurde der Südturm 1780 ganz abgetragen. Das Schloss dient seit 1888 als vielbesuchtes Restaurant und gehört heute dem Kanton Basel-Landschaft.

BOTTMINGEN

Das vor wenigen Jahrzehnten noch behäbige Bauerndorf Bottmingen hat sich in den Jahren seit etwa 1950 sehr rasch zu einer bevorzugten Wohngemeinde im unteren Leimental entwickelt. Der alte, leicht ansteigende Dorfkern befindet sich rechts des Birsig, auf einem kleinen Schwemmkegel eines Baches, der vom Bruderholz her kommt.

Die erste urkundliche Erwähnung datiert ins Jahr 1246. Wie Binningen gehörte das Dorf bereits im 11. Jahrhundert dem Bischof von Basel, der es 1534 an die Stadt verpfändete, an welche Bottmingen 1585 durch Kauf überging. Bottmingen hatte wie andere Leimentaler Dörfer in Kriegszeiten immer wieder viel zu leiden. So wurde das Dorf nach dem St. Jakobs-Krieg 1445 verbrannt. Schwer heimgesucht wurde es auch im Schwabenkrieg 1499 und im Dreissigjährigen Krieg. In den 1830er Wirren schliesslich waren Binningen und Bottmingen die ersten Angriffsziele der Basler Truppen (8. Januar 1832). In der ersten Hälfte des 18. Jahrhunderts begann die schrittweise Auflösung der gemeinsamen Gemeindeorganisation mit Binningen, die 1837 mit der Teilung der Gemeindebänne abgeschlossen wurde. Davon unberührt blieb jedoch die Kirchgemeinde. Die Gemeinde Bottmingen gehört zum Baselbieter Bezirk Arlesheim.

Neben verschiedenen wertvollen ländlichen Einzelbauten und dem eigenartigen Hämisgarten-Schulhaus (erbaut 1907/08 von E. Sandreuter aus Frankfurt) zählt das Weiherschloss zu den Sehenswürdigkeiten von Bottmingen. Es gehört zu den besterhaltenen barocken Weiherschlössern der Schweiz und ist das einzige von ursprünglich vier Weiherhäusern des Leimentals, dessen Anlage noch von Wasser umgeben ist.

Winterliche Impression beim Weiherschloss.

Aufgrund der Bevölkerungsprognosen der sechziger Jahre, welche für Bottmingen eine Einwohnerzahl von rund 20'000 Einwohnern voraussahen, wurde das gesamte Gemeindegebiet zur Bauzone erklärt. Obwohl diese Zahlen heute ins Reich der Utopie gehören, nimmt die Landwirtschaft nur noch einen bescheidenen Stellenwert ein.

Partie im alten Bottmingen.

Das im Baustil eigenwillige „Hämisgarten-Schulhaus", 1907/08 errichtet vom Frankfurter Architekten E. Sandreuter.

Nur wenige Schritte vom Dorfkern entfernt führt ein Spazierweg ins wildromantische Chänelbachtäli und auf das Bruderholz.

Alte Ansichten des relativ kleinen Dorfes zeigen, dass es vor allem aus Fachwerkbauten bestand. Im Leimental befinden wir uns an der Ostgrenze der Sundgauer Hauslandschaft.

An die alte Bedeutung Bottmingens als Weinbaudorf knüpfte die im Jahre 1976 gegründete Rebzunft an, als sie beim neuen Friedhof Schönenberg an guter Lage einen Rebberg anlegte. Auf den insgesamt 43 Aren werden ansprechende Weine der Sorten Blauburgunder und Gutedel gezogen.

An der stark befahrenen Therwilerstrasse steht, bekrönt von einem weithin sichtbaren Uhrtürmchen, das ehemalige Schulhaus, ein 1859/60 umgebautes Wirtshaus.

Oberwil
Oberwil
Schnägge

Kanton Basel-Landschaft
Bezirk Arlesheim
Höhe m.ü.M. 316
Fläche in ha 789
Einwohner (1992) 8'806

Partie im alten Dorf.

OBERWIL

Bevor sich etwa eine starke Wegstunde von Basel entfernt das Leimental gegen Südwesten weitet, liegt Oberwil. Um die auf einem Sporn am linken Birsighang gelegene Kirche gruppiert sich das Dorf, das sich in den vergangenen hundert Jahren in den Talboden und gegen das Bruderholz ausgedehnt hat. Oberwil ist heute ein Teil jenes Siedlungsbandes, das sich von der Stadt bis nach Therwil erstreckt.

In den schriftlichen Quellen taucht das Dorf um 1093 als „Obervvilre" erstmals auf. Schon damals war es bischöflicher Besitz. Im 14. Jahrhundert kam es vorübergehend an die Thiersteiner und später an die Ramsteiner. Unter dem Einfluss der Stadt wurde Oberwil 1529 wie andere Dörfer des Birsecks reformiert und blieb es bis zur Rekatholisierung unter dem tatkräftigen Fürstbischof Jakob Christoph Blarer von Wartensee, der 1589 in Oberwil einen katholischen Priester einsetzte.

Während im 16. Jahrhundert verschiedene Pestzüge das Dorf heimsuchten, wurde im Dreissigjährigen Krieg Oberwil wie keine andere Gemeinde mehrmals ausgeplündert und gebrandschatzt. Im Holländischen Krieg (1672-1679) und im Spanischen Erbfolgekrieg (1690) mussten die Dorfbewohner Truppeneinquartierungen erdulden. Nach der Französischen Revolution ging das Fürstbistum Basel unter, und Oberwil kam zuerst zur kurzlebigen Raurachischen Republik (1792-93) und dann zur „Grande Nation" (1793-1815). Durch die Beschlüsse des Wiener Kongresses wurden die Oberwiler mit den übrigen Birseckern Basler und Schweizer. Bis 1820 bildete Oberwil zusammen mit dem jetzt elsässischen Neuwiller eine Pfarrei, was zumindest teilweise die auch heute enge Bindung zu diesem Nachbardorf jenseits der Landesgrenze erklärt.

Seit den Trennungswirren gehört Oberwil zum Kanton Basel-Landschaft. Schwere Auseinandersetzungen mit drei toten Polizisten und einer militärischen Besetzung des Dorfes erlebte Oberwil bei einem Streit zwischen Klerikalen und Liberalen, als 1835 die Pfarrstelle neu zu besetzen war. Gegen Ende des 19. Jahrhunderts setzte die Industrialisierung und allmähliche Umwandlung vom Bauerndorf zur Agglomerationsgemeinde ein, wozu die Betriebsaufnahme der Birsigtalbahn (1887) nicht unwesentlich beigetragen hat.

Das repräsentative Pfarrhaus, ein bedeutender spätbarocker Bau mit Mansarddach, erbaut um 1783.
Im Studierzimmer des Pfarrhauses kamen 1970 prachtvolle Wandbilder der Romantik zum Vorschein. Die Gemälde mit Panoramen der Umgebung stammen aus der Zeit um 1820 und sind vermutlich ein Werk von Maximilian Neustück.

Mit einer Büste vor dem „Konsum" hält Oberwil den sozialistischen Politiker und eifrigen Unternehmer Stefan Gschwind in Ehren. Zu seinen Hauptwerken gehören die Gründung der Elektra Birseck, der ersten Elektrizitätsgesellschaft Europas auf genossenschaftlicher Basis (1897), und die Gründung der „Birseckschen Produktions- und Konsumgenossenschaft" (1892).
Aus ihrer Fusion (1919) mit dem Allgemeinen Consumverein Basel entstand der ACV beider Basel (heute: Coop Basel).

Kuenzehuus und Kuenzeschüre an der Hohlegasse, die den sundgauischen Hoftyp repräsentieren.
Bei den vorbildlich renovierten Liegenschaften handelt es sich um das einstige Hofgut und Meierhaus der Herren von Rotberg, die ab etwa 1420 Zehntherren von Oberwil waren.
Die Kuenzeschüre von 1799, ein Fachwerkhaus im Sundgaustil, und die römisch-katholische Dorfkirche St. Peter und Paul. Das Gotteshaus, dessen Langhaus 1896 neuerbaut wurde, während der Turm und Chor aus der Gotik stammen, geht auf Vorgängerbauten zurück, die bis ins 7. Jahrhundert zurückreichen.

Die Partie am Kirchplatz mit dem grossen Dorfbrunnen und dem Fachwerkhaus erinnert an die ländliche Vergangenheit von Oberwil.

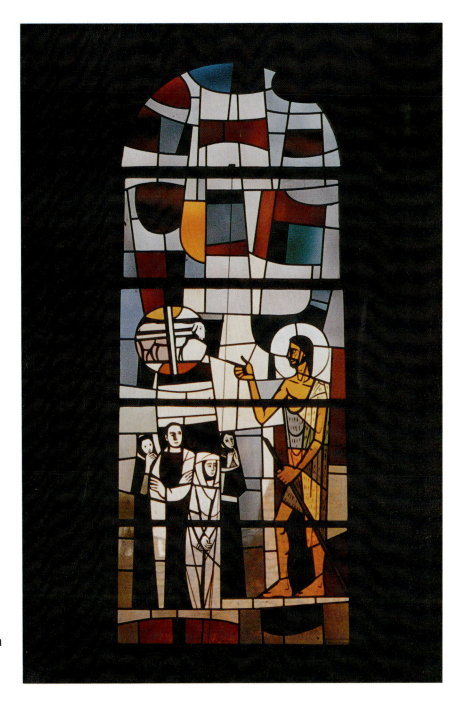

Glasgemälde des einheimischen Künstlers Jacques Düblin von 1965 in der Dorfkirche.

Das moderne Wohnquartier im ehemaligen Rebberg.

In der Gewerbe- und Industriezone zwischen Oberwil und Therwil stehen heute neben Verbrauchermärkten auch viele moderne Betriebsgebäude von Unternehmungen, die früher ihre Anlagen in der Stadt hatten.

Die BLT-Station Oberwil ist nicht nur Haltestelle der Linie 10 (Rodersdorf-Basel-Dornach), sondern auch der seit 1927 bestehenden Buslinie nach Biel-Benken, heute Teilstück der 15 km langen BLT-Buslinie 64 (Bottmingen-Oberwil-Biel-Benken-Therwil-Reinach-Dornach-Arlesheim).

Beim Ziegelhof an der „Napoleonstrasse" nach Allschwil. Der teilweise mehrere Meter mächtige Löss liefert nicht nur gute Ackerböden; er wurde auch in zahlreichen Tongruben abgebaut.

Am Weg über die Fraumatt, der zum Hofgut Bernhardsberg (heute: Forschungsinstitut für biologischen Landbau) führt. Links im Hintergrund Therwil.

Therwil
Därwil
Nünenünzger

Kanton Basel-Landschaft
Bezirk Arlesheim
Höhe m.ü.M. 306
Fläche in ha 763
Einwohner (1992) 7'718

Mitten in Therwil gibt es Partien, welche vergessen lassen, was anderswo im Dorf an alter Substanz verloren gegangen ist.

THERWIL

Das von Basel ins Leimental ausgreifende Siedlungsband findet in Therwil sein südliches Ende. Im Dorf, dessen Einwohnerzahl sich seit 1960 fast vervierfacht hat, ist die Landwirtschaft dank dem ausgedehnten Gemeindebann noch immer recht bedeutend. Wie in allen Leimentaler Dörfern sind auch die in Therwil lebenden Berufstätigen mehrheitlich Wegpendler.

Das an einem alten Strassenkreuz (Basel-Blauenpässe, Birseck-Sundgau) gelegene, einst grösste Dorf des Leimentals wird von drei Bächen – Marchbach, Grossmattbach und Schliefbach – durch- und umflossen. Die alte Dorfanlage, ein Bachzeilendorf, wurde erst durch den modernen Siedlungsausbau zerstört.

In den Urkunden erscheint „Tervvilre" erstmals 1223. Damals stand vermutlich schon das längst wieder abgegangene Weiherschloss eines Rittergeschlechtes. Die Anlage auf zwei Inseln befand sich unweit der oberen Mühle.

Spätestens in der ersten Hälfte des 13. Jahrhunderts belehnte das Kloster Reichenau die Grafen von Thierstein mit der niederen Gerichtsbarkeit und mit dem Kirchensatz. Dieses Adelsgeschlecht besass – diesmal als Lehen des Bischofs von Basel – auch die hohe Gerichtsbarkeit. Nach dem Aussterben der Thiersteiner (1519) stritten sich Basel und Solothurn um den Besitz der reichenauischen Rechte. Sie gelangten 1555 als solothurnisches Lehen und 1669 durch Tausch an das Basler Fürstbistum. Seit 1525 im Burgrecht mit der Stadt Basel bekannte sich Therwil zur Reformation. Im Zuge der Rekatholisierung kehrte das Dorf um 1590 zum alten Glauben zurück. Mehrmalige Plünderungen erlebte Therwil im Dreissigjährigen Krieg. In der Franzosenzeit (1792-1815) gehörte das Dorf zu Frankreich, ab 1815 zum Kanton Basel und seit der Kantonstrennung zum basellandschaftlichen Bezirk Arlesheim. Einer der Anführer der Trennungsbewegung und eigentlicher Gründer des Kantons Basel-Landschaft, Stephan Gutzwiller, entstammt einem alten Therwiler Geschlecht.

Die katholische Pfarrkirche St. Stephan und die nebenstehende St. Annakapelle stehen im ummauerten Friedhof. Das auf Vorgängerbauten 1628-31 errichtete Gotteshaus ist eine frühbarocke Saalkirche, die 1781-82 ein festliches Rokokodekor erhielt.

Dass sich im Leimental noch ländliche Bräuche erhalten haben, zeigt sich bei dieser Hochzeitsfeier.
Hier hat offensichtlich das Therwiler Feuerwehrkorps dem Brautpaar „gespannt", das sich den Weg ins Eheleben durch das Lösen einer Aufgabe freimachen muss.
Im einfachen Riegelbau in der Bildmitte befindet sich seit Herbst 1993 das schmucke Dorfmuseum.

Friedhofkreuz von 1819.

An der Aussenwand, zur Rechten des barocken Hauptportals, hängt ein Epitaph von 1656, die Beweinung Christi darstellend. Die Inschrift in der ovalen Kartusche erinnert an die Jungfrau Ursula Maria Scharpf aus Rheinfelden, welche im Alter von 17 Jahren gestorben war.

Die Weihe der „Palmen" am Palmsonntag gehört in Therwil (und in manchen anderen katholischen Dörfern der Region) noch zum Brauchtum im Kirchenjahr.

Der Einzug der gesegneten „Palmen" in den Kirchenraum. Die je nach lokaler Tradition etwas anders geformten „Palmen" werden von den Kindern unter Anleitung angefertigt und bestehen in der Regel aus Stechpalmen, Buchs, Orangen oder Äpfeln und bunten Bändern.

Von weither erkennt man Therwil an seinem charakteristischen Kirchturm.

Die Obere Mühle ist eine der drei ehemaligen Getreidemühlen von Therwil. Das heutige Gebäude datiert aus dem 16. Jahrhundert. Unweit des einfachen Fachwerkhauses stand einst das Wasserschloss der Herren von „Terwilr", eines thiersteinischen Dienstherrengeschlechts.

Ettingen
Ettige
Gugger

Kanton Basel-Landschaft
Bezirk Arlesheim
Höhe m.ü.M. 342
Fläche in ha 630
Einwohner (1992) 4'877

Im Kanton Basel-Landschaft einmalig ist der Umgang der „Pfingstblitter".

ETTINGEN

Am Fusse der sogenannten Landskronkette, einer kleinen Vorfalte des Blauen, liegt Ettingen auf einem Schwemmkegel, welcher der aus dem Büttenenloch kommende Bach aufgeschüttet hat. Vom Siedlungstyp her ist Ettingen ein Bachzeilendorf mit nur bescheidenen Seitenstrassen in Richtung Aesch und Witterswil.

Die in einer Halbhöhle beim Büttenenloch (hinter dem Bad) gemachten Funde weisen auf eine Benutzung durch Menschen des Jungpaläolithikum (Magdalénien) hin.

Wie das benachbarte Therwil, gehörte vermutlich auch das 1268 erstmals erwähnte Ettingen ursprünglich zum Kloster Reichenau, das die niedere Gerichtsbarkeit besass. Die Abtei auf der Bodenseeinsel belehnte damit die Grafen von Thierstein, die das Lehen später vorübergehend an Wernher Schaler von Leymen (1346) und an Arnold von Rotberg (1438) veräusserten, es aber wieder zurückkauften. Wie zahlreiche andere Leimentaler Dörfer geriet auch Ettingen 1525 unter den Einfluss des deutschen Bauernkrieges und trat ins Burgrecht mit der Stadt Basel. Wenige Jahre später nahmen die Ettinger den reformierten Glauben an. 1542 gelang es Solothurn, sich von Reichenau die niedere Gerichtsbarkeit von Ettingen zu sichern, was zu einem Rechtsstreit mit dem Fürstbischof führte, der erst 1669 zu seinen Gunsten entschieden war.

Schon 1585 musste die Stadt Basel das Burgrecht aufgeben, was Bischof Blarer die Möglichkeit gab, auch in Ettingen die Gegenreformation zum Sieg zu führen.

Schwer gelitten hat das Dorf im Dreissigjährigen Krieg. Während der Franzosenzeit (1792-1815) erreichte Ettingen 1803 die volle kirchliche Selbständigkeit. Bisher war es immer eine Filiale von Therwil gewesen; seit 1700 verfügte das Dorf immerhin über einen eigenen Vikar.

Am 28. Dezember 1815 wurde die Gemeinde eidgenössisch und baslerisch. Nach der Kantonstrennung kam sie zum Bezirk Arlesheim des Kantons Basel-Landschaft. 1888 wurde das Dorf an die Birsigtalbahn angeschlossen; das vor allem in nordöstlicher Richtung ausgreifende Neubauquartier entsteht erst ab der Mitte des 20. Jahrhunderts.

Nach Norden gerichteter Blick über das heutige Siedlungsgebiet. Seit 1950 hat sich die Bevölkerung mehr als vervierfacht.

Stolz sind die Ettinger auf ihren Rebberg. Auf 235 Aren wird vor allem Blauburgunder und Riesling x Sylvaner produziert. In allen Dörfern des Leimentales hatte der Rebbau früher eine grosse Bedeutung. Das seit einigen Jahren wieder steigende Interesse am Weinbau hat an mehreren Orten, so in Hofstetten, Rodersdorf, Leymen, Therwil und Bottmingen zur Neuanlegung kleinerer Rebberge geführt. Die Leimentaler Weine sind ansprechende Weine mit schönem Charakter.

In Ettingen gibt es insgesamt 22 Familien, die kleinere oder grössere Rebflächen hegen und pflegen. Es versteht sich, dass der grösste Teil des Weines in der Gemeinde selbst genossen wird.

Fackelumzug am Fasnachtsfüürsunntig.

Auf grosses Interesse stösst jeweils das Eierlesen am Weissen Sonntag. Das österliche Eierspiel ist ein fröhlicher Wettkampf, der in vielen Dörfern der Nordwestschweiz ausgetragen wird und mit dem Verzehr von feinen Spiegeleiern beschlossen wird.

Noch gibt es sie, die Bauernfasnacht, die so ganz anders ist als Fasnacht in der Stadt – nicht nur darum, weil sie in den Tagen vor dem Aschermittwoch durchgeführt wird. Allerdings geht es auch hier nicht ohne Organisation. Ein Fasnachtskomitee ist seit 1968 aktiv und koordiniert die Anlässe. Erfreulicherweise nimmt auch die Jugend regen Anteil am Fasnachtsgeschehen.

Am Pfingstmorgen werden drei Burschen unter Anleitung von Mitgliedern des kulturhistorischen Vereins in frisches Buchenlaub „eingepackt" und tauchen dann nach dem sonntäglichen Gottesdienst plötzlich in der Hauptstrasse auf, wo sie die Zuschauer mit dem Wasser aus den Dorfbrunnen bespritzen.
Besonders Mädchen und junge Damen sind das Ziel der wilden Gesellen in ihrem grünen Frühlingskleid.

Auf einer zerklüfteten Felsrippe am Blauen finden sich die spärlichen Überreste der Burg Fürstenstein. Die Rodungsburg ist vermutlich eine Gründung der Herren von Rotberg.
Die recht ausgedehnte Anlage wurde 1412 bei einer Fehde durch die Basler zerstört und nicht wieder aufgebaut.

Auf dem Dorf besitzen die aus den Einwohnern rekrutierten Feuerwehren noch einen grossen Stellenwert. Neben der Erfüllung der vielseitigen Aufgaben im Dienste der Gemeinschaft kommt auch die Kameradschaft nicht zu kurz.

Der Aufstieg zur Ruine Fürstenstein führt an imposanten Felsformationen vorbei.

Eine moderne Sonnenuhr berücksicht auch die Einrichtung der Sommerzeit ...

Witterswil
Witterschwil
Mischtchäfer
Chäfer

Kanton Solothurn
Bezirk Dorneck
Höhe m.ü.M.   352
Fläche in ha   267
Einwohner (1991)   1'161

Sonntägliche Ruhe an einem Wintertag.

WITTERSWIL

Wenn der Leimental-Reisende, der die Linie 17, die ehemalige Birsigtalbahn, benützt, die über dem Dorf gelegene Station „Witterswil" erreicht hat, dann hat er den vorderen und dicht besiedelten Teil des Leimentals endgültig hinter sich gelassen. Unmerklicher war indes, dass soeben auch eine Kantonsgrenze überquert wurde. Der Fahrgast befindet sich nämlich im untersten der fünf solothurnischen Leimental-Dörfer. Dass aber auch Witterswil wirtschaftlich stark nach Basel ausgerichtet ist, belegen die Statistiken und lassen die vielen modernen Wohnhäuser ausserhalb des guterhaltenen Dorfkerns erkennen.

Ein „Witerswilr" erscheint erstmals 1268 in einer Urkunde. Allerdings ist unklar, ob damit auch wirklich das heutige Witterswil gemeint ist. Eindeutiger sind dagegen die Nachrichten aus der Mitte des 14. Jahrhunderts, wo u.a. gemeldet wird, dass Ritter Arnold von Rotberg als bischöfliches Lehen einen Viertel des Zehnten von Witterswil, Bättwil und Hofstetten empfing. Später erfahren wir, dass die Herren von Rotberg Inhaber der hohen und niederen Gerichtsbarkeit sind. Am 15. Februar 1515 verkauften sie ihren Besitz, welcher die Dörfer Witterswil, Hofstetten und Metzerlen sowie die Burg Rotberg umfasste, mit allen Rechten an die Stadt Solothurn. In der Reformationszeit sah es zunächst so aus, als ob der neue

Glaube siegen würde. In zwei Abstimmungen vom Dezember 1529 schienen sich die Bättwiler und die Witterswiler einig zu sein, wurde doch nach Solothurn gemeldet: „Halten uff das Gottswort wol, aber uff mäss und billder nützit". Die Meier der beiden Dörfer waren auch an der Spitze jener Bauern, die in der Fasnachtszeit des folgenden Jahres nach Mariastein zogen und dort die Siebenschmerzenkapelle verwüsteten und den Zugang zur Gnadenkapelle in der Felsenhöhle unbenützbar machten. Doch offensichtlich hielt die Begeisterung für die neue Konfession nicht an, kehrten doch 1534 – auf Anordnung des Rates von Solothurn – auch die Bättwiler und die Witterswiler wieder zum katholischen Glauben zurück.

Im Dreissigjährigen Krieg kam Witterswil vergleichsweise glimpflich davon dank militärischem Schutz durch die solothurnischen Truppen. Allerdings hatte das Dorf zeitweise eine grosse Zahl von Flüchtlingen aus dem Sundgau zu beherbergen, die auch Seuchen einschleppten.

Das lange Bemühen um eine eigene Pfarrei des nach Wisskilch pfarrgenössigen Witterswil zeigte erst 1791 einen klaren Erfolg, als im Dorf ein Vikariat eingerichtet wurde. Die Gründung einer Pfarrei Witterswil-Bättwil erfolgte im Jahre 1808.

Als 1888 die Birsigtalbahn erstmals durch das Dorf fuhr, wurde der Eröffnungszug mit folgendem Spruch auf einem Triumphbogen begrüsst:

Wacker vorwärts! Lustig witers!
und mit frohem Muet ans Ziel!
Wacker vorwärts! Lustig witers!
drum heisst s Dorf: Witterswil!

Trotz der Bahn, die lange vor allem Ausflügler und Pilger ins Leimental und nach Mariastein brachte, blieb Witterswil noch bis in die Mitte unseres Jahrhunderts vorwiegend ein Bauerndorf. Heute indes verdienen die meisten Erwerbstätigen ihren Lebensunterhalt auswärts, hauptsächlich in der Agglomeration Basel.

Das alte Witterswil am Fusse des Witterswiler Bergs. Doch die Idylle darf nicht hinwegtäuschen: Auch in diesem Dorf bilden die Bauern heute eine Minderheit.

Nach katholischer Tradition schweigen die Glocken zwischen dem Gloria in der Gründonnerstagsmesse und dem Gloria in der Ostervigil. Nach dem Volksglauben reisen die Glocken in dieser Zeit nach Rom. Anstelle der Glocken ertönten früher allerorten hölzerne Klapperinstrumente. Im engen Dachreiter der Witterswiler Kirche steht noch heute eine grosse Raffel (Rääri), mit welcher die Messbuben in diesen Tagen zum Gottesdienst rufen.

Die Pfarrkirche St. Katharina entstand vermutlich im 15. Jahrhundert, worauf u.a. eine Glocke von 1491 hinweist. Das damalige Vikariat hatte auch Biel zu betreuen. 1530 und 1641-43 wurden Neubauten errichtet. Der heutige schlichte Bau mit dem Dachreiter stammt teilweise erst von 1842.

Glücklicherweise finden sich noch Wasserläufe, die nicht kanalisiert oder eingedolt sind. Viele Rinnsale dienten früher auch zur Bewässerung des Kulturlandes, was häufig zu Streitigkeiten zwischen den Ackerbauern und den Müllern geführt hat.

Auch für die schmarotzerische Mistelpflanze gibt es im hinteren Leimental noch Lebensraum.

Es wird wohl kaum am mässigen Klima liegen, dass – historisch gesehen – eine gewisse Verwandtschaft zwischen den Bewohnern von Witterswil und Bättwil und dem mediterranen Menschen besteht. Doch ist es eine mehrfach belegte Tatsache, dass früher die solothurnische Obrigkeit auf der Egg Einrichtungen für den Vogelfang vermietet hat. 1805 betrug der Zins „für die Daubenhütten zwo Dauben, für die Lerchen zwölf Spiess". Dazu ergänzend sei Urs Peter Strohmeier (1836) zitiert: „Lerchen und Wildtauben werden im Spätherbst bei Witterswil in Garnen gefangen und zu vielen Tausenden in Basel verkauft."

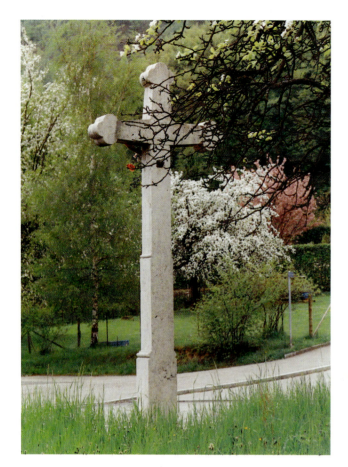 

Wer mit offenen Augen über Land zieht, merkt rasch, wo er sich im katholischen Raum befindet: Die Wegkreuze gehören zum Inventar einer Sakrallandschaft, Zeichen des religiösen Menschen in der göttlichen Natur. Im Leimental finden sich besonders viele christliche Zeichen an den Pilgerstrassen nach Mariastein.

Blick gegen den Landskronberg.

Das „Markenzeichen" des hinteren Leimentals ist der Landskronberg mit der imposanten Burgruine. Zu seinen Füssen weitet sich eine Landschaft, deren Reichtum der Chronist Franz Haffner 1666 gepriesen hat als „ein gar herrlich gut Wein- und Frucht-Land, allwo das Erdrich so ungeschlacht, dass ein Baur eintzig sampt zwei Pferden den Pflug ins Feld führen und zickern kann".

Bättwil
Bättwil
Bäramsele (= Ameise)

Kanton Solothurn
Bezirk Dorneck
Höhe m.ü.M. 360
Fläche in ha 166
Einwohner (1991) 561

Die ursprünglich dem Geheimnis Herz Jesu geweihte Kapelle hat seit 1791 den fränkischen Heiligen Martin zum Patron.

BÄTTWIL

Eine Scherzfrage heisst: Welches sind die frommsten Schwarzbuben? Die Antwort lautet: Die Bättwiler, denn sie haben „s Bätte" im Ortsnamen. Dies allerdings ist nicht die einzige Besonderheit, welche es zu vermelden gibt. Bättwil beherbergt auch die Kreisschule des solothurnischen Leimentals (in einem Gebäude, das wegen seiner grasgrünen Fassade den Spitznamen „Laubfrosch" erhalten hat) und kann auf seinem bescheidenen Territorium gleich zwei Bahnhöfchen sein eigen nennen: die BLT 10-Stationen „Bättwil" und „Flüh". Tatsächlich liegt auch die stark frequentierte Station „Flüh" auf dem Gebiet der Gemeinde Bättwil, die unter allen Solothurner Gemeinden diesseits des Jura mit 166 ha die zweitkleinste Fläche besitzt (nach Fehren mit bloss 148 ha).

Verschiedene Anzeichen geben zur Vermutung Anlass, dass Bättwil ursprünglich mit Witterswil eine Dorfmark darstellte. So verläuft die gemeinsame Grenze auffallend künstlich und bis zur Aufhebung des Zehntwesens bildeten die beiden Dörfer nur einen Zehntbann. Ausserdem erstreckte sich vielfach die Grundherrschaft über beide Bänne. Dennoch besitzt Bättwil eine eigene Geschichte.

Erstmals tritt uns „Bettwilre" um die Mitte des 13. Jahrhunderts entgegen, und zwar als Herkunftsort von Bürgern der Stadt Basel. Das Dorf war ursprünglich wohl Besitz des Bischofs von Basel und gelangte dann mit dem nahen Ettingen ans Kloster Reichenau. Dies geschah möglicherweise im 9. Jahrhundert, als der Basler Bischof Haito sein reiches Leben auf der Halbinsel im Bodensee beschloss. Später wurde Bättwil den Grafen von Reichenau als Lehen übergeben, die es zumindest vorübergehend den Herren von Andlau als Pfandlehen übergaben (Ende 15. Jahrhundert). Mit viel Geld und Mühe erreichte es Solothurn zu Beginn des 16. Jahrhunderts, das Dorf an sich zu ziehen. Da Gefahr drohte, dass Bättwil in den Besitz von Basel gelangte, besetzte Solothurn 1519 kurzerhand das Dorf. Zur Vermeidung eines Bundeskrieges zwischen Basel und Solothurn musste Bern vermitteln. Die Ursenstadt kam schliesslich 1522 zu zwei Dritteln von Bättwil, das letzte Drittel erwarb sie 1527 von Hans Imer von Gilgenberg.

In der Reformationszeit schien Bättwil wenigstens für fünf Jahre dem neuen Glauben nicht abgeneigt und verhielt sich wie das benachbarte Witterswil. Ein mit der Nachbargemeinde vergleichbares mildes Schicksal erlebte das Dorf im Dreissigjährigen Krieg.

Aufgrund eines Gelöbnisses erhielt die Dorfgemeinschaft 1744 eine Herz Jesu-Kapelle. Die Bättwiler mussten aber – wie seit alten Zeiten nach St. Martin zu Wisskilch – oder da längst reichlich baufällig – in die Dorfkirche von Leymen zur Messe gehen. Auch die Toten mussten bis nach der Französischen Revolution (1789) noch über den

Totenweg nach Wisskilch zur letzen Ruhe getragen werden. Infolge der anti-klerikalen Stimmung in Frankreich hielten sich dafür in den 1790er Jahren viele sundgauische Geistliche als Exulanten in Bättwil auf. Sie wurden hier teilweise von ihren Pfarrkindern aufgesucht.

Als die Franzosen 1798 das Kloster Mariastein plünderten und alles verkauften, was Wert hatte, erwarben die Bättwiler eine Glocke und die Uhr. Beides ist noch im Besitz des Kirchleins. Seit 1808 bildet Bättwil zusammen mit Witterswil eine selbständige Pfarrei.

Bättwil ist ein typisches Strassenzeilendorf mit einigen markanten Bauernhäusern.

Ein altes Bauernhaus mit mächtigem Walmdach und Aussenbackofen.

Die alte Post, wie dieses herrschaftliche Haus genannt wird, entstand 1720/30 und erfuhr 1834 eine Erweiterung.

Bei Fusswanderungen kann die Landschaft des Leimental am besten erlebt werden. Feldweg zwischen Bättwil und Therwil mit den Jurahöhen am tiefen Horizont.

Eine Mühle wird in Bättwil bereits im 15. Jahrhundert urkundlich fassbar. Die Jahrzahl am rundbogigen Kellertor deutet auf die Errichtung des jetzigen Gebäudes im Jahre 1638 hin.

Zur Freude der Kinder steht auf dem Areal der Kreisschule Leimental ein Stück Verkehrsgeschichte, ein Wagen der alten Birsigtalbahn. Wegen seiner Farbe wird das Schulhaus im Volksmund „Laubfrosch" genannt.

Biel-Benken
Biel-Bängge
Büel-Bängge
Schunggefrässer (Benkener)
Schtägschtregger (Bieler)

Kanton Basel-Landschaft
Bezirk Arlesheim
Höhe m.ü.M.   317
Fläche in ha   414
Einwohner (1992)   2'302

Die Störche kümmert es wohl kaum, ob sie ihr Nest auf einem elsässischen oder schweizerischen Kirchturm haben. Uns darf es indes freuen, dass dieser schöne Vogel auch im Umland der Stadt Basel noch Lebensräume findet.

Biel-Benken

BIEL-BENKEN

Wo der Birsig erstmals Baselbieter Boden erreicht und endgültig zu einem Schweizer Gewässer wird, befindet sich Biel-Benken. Wie schon der Doppelname andeutet, besteht die Ortschaft aus zwei Teilen, die bis Ende 1971 auch politisch getrennte Gemeinden bildeten. Das langsame Zusammenwachsen der beiden Siedlungsteile wurde allerdings nicht erst durch die Fusion ausgelöst.

Biel (Benken minor oder inferior) und Benken (Benken maior oder superior) erscheinen 1226 erstmals in den Urkunden. Niedere und hohe Gerichtsbarkeit sowie der Kirchensatz von Biel waren damals im Besitz der Basler Domprobstei, während sich die Gerichtsbarkeiten und der Kirchensatz von Benken im Besitz der Grafen von Thierstein-Pfeffingen befanden. Beide Dörfer gelangten als Lehen an das Basler Rittergeschlecht der Schaler. 1526 erwarb die Stadt Basel die beiden Dörfer für 3200 Gulden.

Kirchlich waren Biel und Benken ursprünglich Teile der Leimentaler Urpfarrei Wisskilch, erhielten aber bereits im 13. Jahrhundert eigene Kapellen mit eigenen Kaplänen. Die endgültige Abtrennung erfolgte 1529 mit der Einführung der Reformation; Biel und Benken bildeten fortan eine reformierte Insel mitten im katholischen Gebiet.

Dennoch blieben die beiden Dörfer im Dreissigjährigen Krieg nicht verschont vor den Plünderungen der protestantischen Schweden.

Nach der napoleonischen Zeit, als die birseckischen Gemeinden zu Basel kamen, endete der Zustand von Biel und Benken als der Vogtei Münchenstein unterstellte, stadtbaslerische Exklaven. Seit der Kantonstrennung gehören die beiden Dörfer zum Bezirk Arlesheim. Die am 15. November 1970 an der Urne beschlossene Fusion von Biel und Benken hat zwei Dörfer zusammengeführt, die eine weitgehend gemeinsame Vergangenheit besitzen, aber auch vor dem Zusammenschluss schon viele Dienste und Verwaltungsteile miteinander hatten.

Erst seit der Fusion vom 1. Januar 1972 stehen an den Ortseingängen die Schilder mit der Aufschrift „Biel-Benken".

Das Pfarrhaus mit den Klebdächern wurde 1673 errichtet. Der rechte Flügel ist ein barocker Anbau von 1755. Vor dem stattlichen Komplex hat sich der letzte der vier um 1778 nachgewiesenen Sodbrunnen erhalten; er erinnert an eine alte Form der Trinkwasserbeschaffung.

Aus dem Jahr 1620 stammt dieses Bauernhaus mit dem schmucken Fachwerk im Obergeschoss. Es steht an der Hauptstrasse von Biel.

Friedrich Oser (1820-1891)

Frühlingsanfang (vor 1874)

Der Schnee ist vergangen, der Winter ist weg –
Hervor, ihr Blumen, hervor!
Märzglöckchen und Veilchen im Dorngeheg,
Massliebchen und Primeln am Wiesensteg –
Hervor, ihr Blumen, hervor!

Der Himmel lächelt hernieder so blau –
Heraus, ihr Knospen, heraus!
Die Lüfte wehen so lieblich und lau,
und drunten am Bache grünet die Au –
Heraus, ihr Knospen, heraus!

Der Frühling will kommen gar bald, gar bald –
Heran, ihr Vögel, heran!
Kommt, singet ihm, dass es schallt und hallt –
und bauet das Nest euch im lustigen Wald –
Heran, ihr Vögel, heran!

Auf! Freue dich mit, du Menschenkind –
Hinweg, ihr Sorgen, hinweg!
Heraus aus dem Haus, geschwind, geschwind,
und sing mit dem fröhlichen Märzenwind:
Hinweg, ihr Sorgen, hinweg!

Auf dem Friedhof seiner Kirche liegt der Dichter-Pfarrer Friedrich Oser (1820-91), und auf dem Kainiz steht ein schlichtes Denkmal des Verfassers der Hymne „Das weisse Kreuz im roten Feld".

„Man kann nicht sagen, dass die Gegend idyllisch wirke; dazu ist sie zu grosszügig. Man kann nicht sagen, dass sie heroisch wirke; dazu sind ihre Höhen zu ausgeglichen. Aber es geht eine grosse Ruhe von ihr aus; ihre Harmonie hat einen Grad von Vollendung erreicht, der in unserem Land selten ist." (Hermann Hiltbrunner 1943 in seinem „Lob des Leimentals") – Blick von Biel aus über die Egg gegen den Blauen.

Die 1615 neuerbaute Mühle, ein spätgotischer Bau mit Halbwalmdach, ist vermutlich eine hochmittelalterliche Gründung der Schaler. Das vor Jahren erneuerte Wasserrad wird durch einen Kanal gespiesen, der auf französischer Seite vom Birsig abzweigt.

In Benken darf der Birsig noch Dorfbach sein.

Vom 1780 abgebrochenen Weiherschloss, dem Wohnsitz der Schaler, ist nur das Lehen- oder Pächterhaus, das sogenannte Schlössli, übrig geblieben. Es dient heute als Kultur- und Begegnungsstätte. Im verschwundenen Weiherschloss soll während des Dreissigjährigen Krieges vorübergehend auch Herzog Bernhard von Sachsen-Weimar, der Kommandant der schwedischen Truppen, gewohnt haben.

Herbstliche Idylle an der Strasse Biel-Benken/Bättwil.

Wie mancher Pilger hat hier wohl mit einem Seufzer festgestellt, dass er noch eineinhalb Wegstunden von „Unserer lieben Frau im Stein" entfernt ist?

Am Landesgrenzstein beim Zollhaus Biel-Benken ist Geschichte ablesbar.

„Und plötzlich stiess mein Fuss an ein angekohltes Rädchen. Ich hob es auf – und Fastnachtsfeuer loderten vor meinem inneren Auge, Scheiben flogen in feurigem Bogen durch die Nacht gleich kleinen Kometen. Ein Meteorfall von Feuerrädchen ging auf die Erde nieder..." (Hermann Hiltbrunner (1893-1961) in „Lob des Leimentals"). Das „Reedlischigge", ein alter Fasnachtsbrauch, konnte sich in Biel und in Benken so gut wie sonst nirgends im Leimental bis in die Gegenwart erhalten. In vielen anderen Gemeinden wurde das Scheibenschlagen erst in jüngerer Zeit revitalisiert.

Das Leimental gilt für zahlreiche Pferdefreunde der Agglomeration Basel als Eldorado, wo sie in ihrer Freizeit dem Reitsport frönen können. Gerade im Raum Biel-Benken gibt es mehrere Reitsportanlagen und viele Pferdestallungen. Ein ganz besonderer Pferdesportanlass findet jeden Herbst mit dem Apfelhauet statt. Dabei handelt es sich um ein originelles Reiterspiel, das – wohl aus Preussen importiert – seit dem 19. Jahrhundert nur an verschiedenen Orten des Baselbietes ausgetragen wird.

Von den Benkener Reben geniesst man einen herrlichen Blick über den flachen Rücken der Egg gegen die Landskron.

Flüh
Flüe
Hochschtapler
Vorhänglilüpfer

Kanton Solothurn
Bezirk Dorneck
Gemeinde Hofstetten-Flüh
Höhe m.ü.M. 379
Fläche in ha s. Hofstetten
Einwohner (1991) s. Hofstetten

Von der Landskron aus hat man einen guten Blick auf den jüngsten Teil von Flüh.

FLÜH

Dort, wo die Landskronkette, das Vorgebirge des Blauen, von einem Bach durchschnitten wird und eine Klus bildet, findet sich der Weiler Flüh. Während die Häuser um die heutige Tramstation zu Bättwil gehören, zählt das mehrheitlich moderne Wohn- und Gewerbequartier in der Mulde dahinter und an deren Hängen zu Hofstetten. Flüh, das direkt an der französischen Grenze liegt, ist der letzte Etappenort vieler Mariastein-Pilger, die jetzt nur noch einen letzten Anstieg zu überwinden haben. Die Siedlung ist aber seit alters auch als Badeort bekannt.

Erstmals wird das Bad im Jahre 1461 erwähnt. Als Medizinalwasser geschätzt wurde die Quelle von Flüh dank ihrem Eisengehalt und der konstanten Temperatur von 12 Grad Celsius. Um 1550 schien das Bad sehr bekannt gewesen zu sein, denn damals hielt sich sogar Markgraf Bernhard von Baden zu einer Kur auf. Besonders oft wurde das Bad von Basel aus besucht, wobei es vielen eher um die Befriedigung von Vergnügen ging. So vermerkten 1692 die Gnädigen Herren von Solothurn in einem Schreiben, dass zu Flüh „zu nicht geringer Ärgernus vill Üppigkeiten verübt werden". Und hundert Jahre später schreibt Rodolphe Hentzy in einer Reisebeschreibung, die in Amsterdam erschienen ist: „Die Bäder von Flüh werden während der schönen Jahreszeit stark von den Bewohnern der Stadt Basel besucht. Die Gebäude bestehen aus drei Häusern, die durch gedeckte Galerien miteinander verbunden sind. Die Quelle – sie soll mineralhaltig sein – befindet sich inmitten einer nahen Wiese. Man behauptet, dass dieses Wasser sehr wirksam sei bei Hautkrankheiten. Böswillige Zungen behaupten jedoch, dass es keinen guten Einfluss auf die weibliche Tugend habe." Badehäuser wie jenes von Flüh boten auch deshalb einen Anziehungspunkt, weil hier – im Gegensatz zur Stadt im „Ancien Régime" – regelmässige Tanzanlässe stattfanden. Seit dem erst 1970 erfolgten Abbruch von Bad- und Tanzhaus sind nur noch wenige Spuren der alten Herrlichkeit sichtbar. Dafür besitzt der Ort seit einigen Jahren eine grosse Anziehungskraft für Liebhaber der feinen Küche, die in zwei Feinschmeckerlokalen gepflegt wird.

Flüh weist neben Wohnhäusern und Dienstleistungsbetrieben (mehrere Gasthäuser) auch zahlreiche Gewerbe- und Industrieanlagen auf.

Schon wenige Meter hinter der Station verlässt das gelb-rote Tram die Schweiz, um über die französische Leimental-Gemeinde Leymen die solothurnische Endstation Rodersdorf zu erreichen. International ist die Bahnlinie seit dem 1. Mai 1910. Entstanden ist die Bahn 1887 als „Birsigthalbahn", die zunächst nur bis Therwil fuhr, aber bereits im Jahr darauf bis „Flühen" ausgebaut wurde. Nach der Bildung der staatlichen Baselland Transport AG entstand Ende 1974 aus der traditionellen Birsigtalbahn die BLT-Linie 10. Die spektakuläre Umstellung von der blauen Überlandbahn zur gelb-roten Trambahn erfolgte im September 1984.

Flüh ist Kopfstation für das Postauto, das die Dörfer am Blauen erschliesst und sonntags – hauptsächlich für Mariastein-Besucher – sogar über die Challhöhe ins Laufental fährt.

Eine direkt in der Klus stehende Säge hat bereits im 17. Jahrhundert damit begonnen, die Wasserkraft des Klusbaches zu nutzen.

Das Wahrzeichen von Flüh ist die Klus, durch die sich die vielbefahrene Strasse hinauf nach Mariastein windet.

Diese Häuser sind Zeugnisse aus den Jahrzehnten nach der Erschliessung von Flüh durch den öffentlichen Verkehr.

Das Zollamt von Flüh.

Am steilen Wallfahrtsweg nach Mariastein steht seit 1794 der Magdalenenbrunnen.

Hofstetten
Hofschtette
Moore
Cheerli

Kanton Solothurn
Bezirk Dorneck
Höhe m.ü.M. 462
Fläche in ha 752
Einwohner (1991) 2'450

Die Wandmalereien in der St. Johannes-Kapelle – hier ein Engel – sind das Werk eines um 1430 tätigen Meisters.

HOFSTETTEN

Auf einer sonnigen Terrasse zwischen Landskronkette und Blauen liegt Hofstetten, das im Dorfkern noch bäuerlichen Charakter besitzt. Das Dorf ist ein bevorzugter Wohnort, was in den vergangenen dreissig Jahren zu einer regen Neubautätigkeit rund um das Dorf, vor allem aber am Südhang, geführt hat. Zu Hofstetten gehört auch die Siedlung Flüh, welche sich ebenfalls stark entwickelt hat und zudem viele Arbeitsplätze besitzt.

Erstmals taucht „Huhostetten" in einer Urkunde von 1194 auf, in der Papst Coelestin III. dem Kloster Beinwil seinen Besitzstand bestätigte. 1250 findet sich die erste Erwähnung der Herren von Hofstetten, die wohl bereits um 1200 die Burg Sternenberg auf bischöflichem Boden errichteten. Wie Metzerlen und Witterswil gehörte auch Hofstetten bis 1515 zur Herrschaft Rotberg. Dann erfolgte der Kauf durch die Stadt Solothurn, die sich damit ein Gebiet nördlich des Blauen sichern konnte. Vorübergehend sorgte die Reformation für einige Aufregung. Nur kurze Zeit wirkte ein von Solothurn bestellter reformierter Prädikant. Später wurde die Pastorierung den katholischen Geistlichen von Mariastein übergeben.

Dass Hofstetten altes Siedlungsgebiet ist, bezeugt die Kapelle St. Johannes, die im 10. Jahrhundert an einer

Stelle errichtet wurde, wo schon die Römer gebaut hatten. Die heutige Kapelle mit den wertvollen Wandmalereien stammt aus dem 14. Jahrhundert. Auch die eigentliche, dem Hl. Nikolaus von Myra geweihte Dorfkirche besitzt ein beträchtliches Alter: Sie wird 1302 erstmals erwähnt. Die jetzige Kirche mit dem Käsbissenturm geht im wesentlichen auf Umbauten des 17. und 18. Jahrhunderts zurück.

Trotz den Neubauquartieren besitzt das Dorf noch einen bäuerlichen Charakter.

Der sanfte Hang über dem Dorf, vorwiegend altes Rebland, ist heute eine bevorzugte Wohnlage von Pendlern.

Die St. Johannes-Kapelle liegt etwas versteckt hinter den Bauernhäusern an der Strasse nach Mariastein. Das kleine Gotteshaus gilt als beliebte Hochzeitskapelle.

Im quadratischen kleinen Chor des 13./14. Jahrhunderts finden sich die wertvollsten Malereien (vgl. Ausschnitt auf S. 125). Die Seitenaltarbilder vor gemalten Drapierungen sind von 1777.

Einen bunten Akzent im Jahreslauf bildet die Dorffasnacht.

Auch auf dem Lande gehören die Guggenmusiken schon seit einiger Zeit zu einer lebendigen Fasnacht.

Die malerische Chälengrabenschlucht führt hinauf zur Hofstetter Bergmatte, wo die Birsigtalbahn 1936 eine Spielwiese angelegt hat.

DIE BURG ROTBERG

Auf einer länglichen Felsrippe am Blauen – südlich von Mariastein – steht die Burg Rotberg. Die seit dem unwissenschaftlich vorgenommenen Wiederaufbau von 1934/35 als Jugendherberge dienende Anlage stammt vermutlich aus dem 13. Jahrhundert. Sie wurde von den Herren von Rotberg errichtet, die seit dem späten 13. Jahrhundert in Basel eine bedeutende Rolle spielten, indem sie mehrmals einen Bürgermeister und mit Arnold III. (1451-1458) sogar den Bischof stellten. Das Geschlecht entstammt der weitverzweigten Adelssippe des Hauses Biederthal-Ratolsdorf. Die Feste Rotberg bildete das Herrschaftszentrum der „sieben Reichsdörfer" am Blauen (Metzerlen, Hofstetten, Witterswil, Blauen, Nenzlingen, Dittingen und Brislach). Die vier letzteren verkaufte Bernhard von Rotberg 1458 an den Bischof von Basel. 1515 wurde schliesslich die Burg mit den restlichen Dörfern und allen Rechten und Gütern sowie Roderdorf, einem österreichischen Reichslehen, an die Stadt Solothurn veräussert, die somit ihren Fuss ins Leimental setzen konnte.

Die Herren von Rotberg nahmen in der Folge dauernden Wohnsitz auf dem Schloss im Markgräfler Dorf Rheinweiler, wo sie bis ins 20. Jahrhundert wohnten. Ihre Stammburg am Blauen hingegen zerfiel sehr rasch nach 1515. Die heutige Anlage ist weitgehend ein Phantasieprodukt nach den Plänen des „Burgenarchitekten" Eugen Probst.

Wie ein verwunschenes Märchenschloss taucht an nebligen Wintertagen die Burg Rotberg vor den Augen des Wanderers zwischen den kahlen Bäumen auf.

Die „Jugendburg" bietet Platz für fast hundert jugendliche Gäste.

Metzerlen
Mätzerle
Naare

Kanton Solothurn
Bezirk Dorneck
Höhe m.ü.M.   520
Fläche in ha   846
Einwohner (1991)   754

Sommerliches Vergnügen der Dorfkinder. In dem noch immer ziemlich intakt gebliebenen Bauerndorf stehen zwei grosse und ein kleiner Brunnen. Die Lage der grossen Brunnen lässt erkennen, wo die grossen Bauern, die Vollbauern, ihre Häuser hatten.

METZERLEN

Metzerlen breitet sich – wie Hofstetten und Mariastein – in der langgezogenen und flachen Mulde aus, die zwischen Blauen und Landskronkette liegt. Das Dorf, das seinen ländlichen Charakter bis heute noch gut bewahren konnte, bildet mit Mariastein eine politische Gemeinde. Hier beginnt der einzige fahrbare Weg über den Blauen, der über die Challhöhe ins Laufental führt.

Das 1194 erstmals erwähnte „Mezherlen" soll sich ursprünglich mehr gegen Mariastein zu befunden haben. Abseits des heutigen Dorfes, halbwegs nach Burg, stand bis 1819 die Kirche St. Remigius. Die wohl fränkische Gründung war vermutlich die Mutterkirche für das hintere Leimental und hatte somit eine ähnliche Funktion wie St. Martin in Wisskilch für den mittleren Talabschnitt.

Metzerlen war im Mittelalter ein Teil der Herrschaft Rotberg, die ursprünglich freies Reichsgut war. Der Dinghof gehörte dem Bischof von Basel und war bis 1213 als thiersteinisches Unterlehen im Besitz des Ritters Rudolf von Pfirt. 1515 erwarb die Stadt Solothurn das Dorf Metzerlen aus der Hand von Arnold IV. von Rotberg, der das Reichslehen zuvor dem Kaiser abgekauft hatte; die niedere Gerichtsbarkeit konnte Solothurn allerdings erst

1639 erwerben. Das Dorf gehörte bis 1798 zur Vogtei Dorneck, seither ist es beim Bezirk gleichen Namens.

1525 wurden Metzerlen und Hofstetten zu einer Pfarrei vereint; der Pfarrer hatte seinen Wohnsitz in Mariastein. Den Höhepunkt der kurzen Reformationswirren erlebte Metzerlen um die Fasnachtszeit 1530, als verschiedene Gegenstände aus der Kirche geraubt und verbrannt wurden.

1643 erfolgte ein Neubau der Remigius-Kirche, die auch weiterhin ausserhalb der Siedlung lag. Erst 1819 wurde die Pfarrkirche ins Dorf verlegt. Gleichzeitig kamen auch der Friedhof und das Schulhaus in den Ort. Die vom Vorarlberger Architekten Jodok Friedrich Wilhelm im klassizistischen Stil errichtete Pfarrkirche brannte in der Nacht vom 1. auf den 2. November 1878 weitgehend aus, wurde aber in der alten Form wieder aufgebaut.

Mit ihrer monumentalen, von einem geschweiften Giebel gekrönten Eingangsfront überragt die katholische Pfarrkirche St. Remigius die Häuser der noch weitgehend unberührten Bauernsiedlung.

Obwohl die Strahlkraft Basels hier deutlich schwächer ist, scheint sich das Dorf einer steigenden Attraktivität als Wohngemeinde für Pendler zu erfreuen.

Das Schulhaus kam erst um 1825 ins Dorf zu stehen.

Den in vielen solothurnischen Gemeinden lebendigen Brauch des Maibaumstellens kennen auch die jungen Burschen von Metzerlen. Errichtet wird der Baum jeweils anfangs Mai von den Stäcklibuebe zu Ehren der gleichaltrigen Mädchen, deren Vornamen oft auf originelle Art an der „Jahrgangtanne" angebracht werden.

Wegkreuz an der Strasse nach Rodersdorf.

Ein noch erfreulich dichter Gürtel von Streuobstkulturen umgibt das Dorf.

Mariastein
Mariaschtei
s Raabenäscht
Schteibegg

Kanton Solothurn
Bezirk Dorneck
Gemeinde Metzerlen
Höhe m.ü.M.   512
Fläche in ha   s. Metzerlen
Einwohner (1991)   s. Metzerlen

In der Felsenkapelle befindet sich das Gnadenbild, eine Marienstatue aus Stein mit Jesuskind. Die Sitzfigur, welche aus der Mitte des 17. Jahrhunderts stammt, steht auf einem Altar des Vorarlberger Architekten Jodok Friedrich Wilhelm (1823). Die Sitte, das Gnadenbild in kostbare Prunkgewänder zu hüllen, ist alt und wird auch von Erasmus von Rotterdam bezeugt, der in der Reformationszeit die Muttergottes in der Felsenhöhle klagen liess: „Früher wurde ich mit Gold und Edelsteinen bekleidet, ich hatte Überfluss an Wechselkleidern ..., jetzt bin ich gerade noch mit einem halben Mäntelchen bedeckt, das die Mäuse angefressen haben."

MARIASTEIN

Hart an einem schwindelerregenden Felsabhang erhebt sich das Kloster Mariastein. Es ist nach Einsiedeln der meistbesuchte Wallfahrtsort der Schweiz. In grosser Zahl wenden sich auch elsässische Pilger zu „Unserer lieben Frau im Stein".

Die Ursprünge der Wallfahrt liegen im 14. Jahrhundert, obwohl eine Marienkapelle erst 1434 erwähnt wird. Damals wurde die Kapelle, eine natürliche Felsenhöhle, bereits von vielen Pilgern besucht. Sie kannten wohl die Geschichte von jenem Hirtenkind, das an dieser Stelle über die Felswand ins Tal gestürzt, aber durch das Eingreifen der Gottesmutter Maria vor dem sicheren Tod bewahrt worden sei. Zum Dank errichtete man in der Felsengrotte eine Kapelle, die 1442 durch eine Verordnung des damals in Basel tagenden Konzils dem Bischof unterstellt wurde.

Nach den Wirren der Reformation, die auch die Marienverehrung in Mariastein in Frage stellte und sogar zu einer teilweisen Zerstörung der Pilgerstätte führte, blühte die Wallfahrt bald wieder auf. Vor den Augen des tüchtigen Wallfahrtspriesters Jakob Augsburger ereignete sich 1541 das zweite „Fallwunder", als der Junker Hans Thüring Reich von Reichenstein über den Felsen abstürzte und drei Stunden später „ser verwundt, doch mit solchem wunder und Mirackel by sinem läben, by guoter vernunft" im Talgrund aufgefunden wurde. An das Vorkommnis erinnert noch heute das Mirakelbild (1543) in der Siebenschmerzenkapelle (oder Reichensteinischen Kapelle), die in szenischer Reihenfolge über das Wunder berichtet.

Der Wallfahrtsort wird seit 1636 durch die Benediktiner des Klosters von Beinwil am Passwang betreut, die ihren Sitz zwölf Jahre später nach Mariastein verlegten.
Seither ist die Wallfahrt eng mit dem Kloster verbunden, das noch im selben Jahr 1648 mit dem Bau der grossen Kirche im barocken Stil begann.

Nach dem Untergang der alten Eidgenossenschaft (1798) wurde das Kloster aufgehoben und geplündert, doch durften die Mönche schon 1802 zurückkehren und Kloster und Wallfahrt wieder einrichten. In der Zeit des Kulturkampfes hob der Kanton Solothurn das Kloster 1874 erneut auf, während die Wallfahrt unangetastet blieb.
Es folgte eine Odyssee der Mariasteiner Patres, die sie nach Delle (bis 1901), Dürrnberg bei Salzburg (1902-06) und Bregenz (1906-41) führte. Danach durften die Schweizer Konventualen wieder in ihrer alten Klosterheimat wohnen. Nach einer kantonalen Volksabstimmung im Jahre 1970 wurde der Weg frei für die rechtliche Wiederherstellung und Rückgabe des Klosters an den Benediktinerorden. Seither ist der Klosterkomplex restauriert worden; die Arbeiten fanden 1987 ihren Abschluss.

Vom Tal aus gesehen hat die Klosteranlage etwas Burgartiges. Direkt über dem Abgrund liegt der sogenannte Glutz-Bau. Er wurde von Abt Esso Glutz Ende des 17. Jahrhunderts als Abtei und Gästehaus errichtet und diente später – nach seiner Profanierung – als Schulhaus.

Der Klosterkirche von 1655 wurde 1834 eine klassizistische Fassade vorgeblendet.

Das perspektivische Chorgitter, dessen Mittelteil 1695 von Meister Stöcklin in Ettingen geschaffen wurde, trennt das Kirchenschiff vom Chorraum. Dort dominiert der imposante Hochaltar, ein Geschenk des französischen Königs Louis XIV., des Sonnenkönigs. Verfertigt wurde er 1680 von Johann Friedrich Buol aus Kaiserstuhl.

Für das leibliche Wohl der vielen Pilgergruppen sorgen die Gaststätten mit grossen Speiseräumen, und wer Andenken und Devotionalien nach Hause nehmen möchte, kann sie in entsprechenden Läden erwerben.

Am nördlichen Rand der Ebene von Mariastein steht am Waldrand die St. Anna-Kapelle, ein sechseckiger Kuppelbau mit Laterne. Es ist unsicher, ob die Kapelle, die 1691 an ein älteres Altarhäuschen angefügt wurde, auf Plänen von Caspar Moosbrugger basiert.

Bildstöcklein in der Umgebung von Mariastein.

Leymen
Leime
Moore
Krütsköpf
Spechte

Département Haut-Rhin
Arrondissement de Mulhouse
Canton de Huningue
Höhe m.ü.M. 350
Fläche in ha 1'140
Einwohner (1993) 915

Vorfrühlingstag in den Leymener Reben.

Leymen

LEYMEN

Dass der Name „Leimental" von der Ortschaft „Leymen" herrühren soll, ist längst widerlegt. Tatsächlich gab es um diese Frage Diskussionen, die um 1932 sogar den Baselbieter Regierungsrat beschäftigten; er sprach sich schliesslich für die Bevorzugung der Bezeichnung „Birsigtal" aus.

Unter allen Dörfern des Leimentals ist Leymen jene Siedlung, die als erste in den Urkunden namentlich genannt wird. Sie erscheint bereits 728 als „Leimone" im Stiftungsbrief des elsässischen Klosters Murbach. Damals war Leymen Eigentum der Grafen von Eguisheim. Später kam das Dorf nacheinander an die Grafen von Pfirt und an die Habsburger. Lange Zeit die bedeutendsten Dorfherren waren die Reich von Reichenstein. Seit 1250 nachgewiesen sind zahlreiche Basler Klöster und Familien, die in Leymen begütert waren. Eine niedere Adelsfamilie nannte sich nach dem Dorf.

Schwer zu leiden hatte Leymen während des Dreissigjährigen Krieges, vor allem in den 1630er Jahren. Da das Pfarrhaus ausgebrannt war, wohnte der Pfarrer für einige Jahre in Witterswil.

Hart an der Grenze zu Benken lag die Kirche Wisskilch.

Die dem fränkischen Heiligen Martin geweihte Mutterkirche des mittleren Leimentals wurde vielleicht schon im 7. Jahrhundert gegründet, auf alle Fälle lange vor der ersten schriftlichen Erwähnung von 1259. Zu diesem Gotteshaus waren (bis Ende des 18. Jahrhunderts) neben Leymen noch die solothurnischen Dörfer Bättwil und Witterswil kirchgenössig. Allerdings lasen die Geistlichen bald nach dem Dreissigjährigen Krieg immer seltener in Wisskilch die heilige Messe; sie zogen es vor, in der St. Leodegar-Kirche im Dorf Leymen den Gottesdienst zu feiern. Dies trug auch dazu bei, dass nach 1790 – inzwischen war die Französische Revolution ausgebrochen – die alte Pfarrei Wisskilch zu existieren aufhörte. Der Abbruch der baufälligen Kirche erfolgte um 1825.

Neben der mächtigen Schlossanlage Landskron und den weniger auffälligen Resten der Burgruine Waldeck auf einer südwestlich von Leymen gelegenen Kuppe ist noch das alte Quellenheiligtum Heiligenbrunn zu erwähnen, eine früher vor allem bei Augenkrankheiten aufgesuchte Wallfahrtsstätte.

Bei einem Besuch von Leymen fallen sofort die verschiedenen neueren Wohnquartiere auf. Das Dorf profitiert sichtlich von der Grenzlage. Viele Leymener haben ihre Arbeitsplätze in der Region Basel. Das Dorf ist seit 1910 durch die Birsigtalbahn (jetzt BLT-Linie 10) mit Basel und seit 1925 für den Berufsverkehr durch einen Autobus mit St. Louis verbunden.

Mit dem Bahnhöfchen im Sundgauer Stil hat sich ein hübsches Stück der alten Bähnliromantik in die Gegenwart retten können. In der schönen Jahreszeit ist hier eine Velo-Mietstelle eingerichtet.

Über die Dächer des Dorfes, das sich an den Landskronberg schmiegt, blickt der Turm der Dorfkirche St. Leodegar. Das heutige Gotteshaus entstand kurz vor der letzten Jahrhundertwende. Leider verschwanden beim Neubau die alten Grabmale der Reich von Reichenstein.

Von der Landskron aus erkennt man, wie sich das Siedlungsgebiet in den letzten Jahrzehnten vor allem gegen den Birsig ausgedehnt hat. Der weisse Feldweg in der oberen Bildhälfte führt zur Wallfahrtskapelle Heiligenbrunn.

Die Störche von St. Leodegar.

Andere Länder, andere Sitten. Dies gilt auch für die Sepulkralkultur.

Neben dem elsässischen Refugium eines bekannten Basler Journalisten steht an der steilen Dorfgasse das Maison Blum, ein bemerkenswerter Fachwerkbau, der sich einst im Besitz der Herren Reich von Reichenstein befunden hat.

Für die Menschen der Basler Agglomeration ist das Leimental nicht nur ein beliebtes Ausflugsgebiet, sondern auch ein Landstrich, wo man in manchen Gasthöfen vorzüglich aus Küche und Keller verwöhnt wird. Einer dieser Leimentaler „Gourmet-Tempel" ist die von einem jungen Team geführte „Couronne d'or".

Das stattliche Bauernhaus an der Rue Principale datiert aus dem Jahre 1689. An den einst auch in Leymen bedeutenden Weinbau erinnert der Ausseneingang in den Keller.

Die Wallfahrtskapelle Heiligenbrunn (Helgenbrunn) soll laut einer Legende entstanden sein, nachdem eine blindgeborene Tochter sich die Augen mit Wasser aus der nahen Quelle gewaschen hatte und danach sehend geworden war. Das schlichte Gotteshaus ist der Hl. Walpurga geweiht.
Franz von Sonnenfeld schreibt 1855: „Alljährlich wird dort am 1. Mai mit einem feierlichen Gottesdienst das Fest der heiligen Walpurga gefeiert, und hundert und hundert Weiber finden sich mit ihren kranken Kindern ein, um dieselben in der klaren Flut zu baden und zu heilen. Auch fehlt es denn nicht an hübschen Elsässer Mädchen, die mit dem Walpurgiswasser die Sommersprossen, die ihre Schönheit zu beeinträchtigen drohen, abwaschen." Der Brunnentrog ist noch vorhanden, doch es ist still um die Kapelle geworden. Der heutige Bau stammt aus dem Jahre 1682.

Der Weiler Thannwald ist vermutlich aus dem alten Versorgungshof der Landskron hervorgegangen. In einem benachbarten Wald soll laut einer Lokalsage der heilkundige Eremit Ludigar gelebt haben, der im Rufe der Heiligkeit gestanden hat.

DIE LANDSKRON

Über dem mittleren und hinteren Leimental thront die Landskron, die bedeutendste Burgruine des ganzen Tals. Von der einst weitläufigen Anlage auf dem höchsten Punkt des Landskronberges haben sich ausser dem mittelalterlichen Wohnturm vor allem Bauten aus dem 16. und 17. Jahrhundert erhalten.

Die Landskron entstand um 1250 als eine Gründung der Münch auf gerodetem Eigengut, das aber schon kurze Zeit später an die Grafen von Pfirt und an die Freiherren von Rötteln übergeben wurde. Die Münch, die sich fortan nach der Burg nannten, besassen die Landskron bis zum Aussterben der Linie (1461). Noch im gleichen Jahr ging die Feste an die Reich von Reichenstein über, welche ihre Rechte erst 1665 an Frankreich verkauften. Damals gehörte ein ansehnlicher Güterkomplex zur Burg. Nachdem sie schon während des Sundgauerkriegs (1468) vorübergehend von einer Schar Solothurner besetzt war, wurde sie 1639, im Dreissigjährigen Krieg, durch Bernhard von Sachsen-Weimar eingenommen und später von französischen Truppen besetzt. Mit dem gesamten österreichischen Sundgau fiel die Landskron nach Kriegsende 1648 an Frankreich. Trotz Protesten der Eidgenossen wurde die Burg um 1670 – nach Plänen von Vauban – zur Festung ausgebaut. Nachher diente sie als kleine Garnison und wurde gelegentlich auch als Staatsgefängnis benützt. In der napoleonischen Zeit spielte die Landskron nur eine untergeordnete Rolle. 1813 nahmen die Alliierten die Festung nach dreitägiger Beschiessung ein und schleiften sie. Dank der Fürsprache des Pfarrers von Hagenthal blieben weite Teile der Kernburg – und vor allem der mächtige Wohnturm – erhalten. Im 19. Jahrhundert wurde die Anlage durch den Baron von Reinach-Hirtzbach erworben. Mit Unterstützung der öffentlichen Hand kümmert sich heute ein Landskron-Verein um die Erhaltung der alten Burg.

Wie ein buntscheckiger Teppich liegt das Leimental zu Füssen der Burgbesucher.

Blick an einem Winternachmittag vom Rebhang Biel-Benken hinüber zur Landskron.

Wie eine Theaterkulisse wirkt das Gemäuer der Burg in den grellen Sonnenstrahlen vor dem aufziehenden Gewitter.

Den Besucher der Landskron empfängt der wuchtige, restaurierte Wohnturm.

Die Rundsicht von der Landskron überrascht den Besucher immer wieder – hier im Frühling – mit landschaftlichen Schönheiten.

Liebenswiller
Lieweswil
Lieweslätte
Lettedräier

Département Haut-Rhin
Arrondissement de Mulhouse
Canton de Huningue
Höhe m.ü.M. 372
Fläche in ha 387
Einwohner (1993) 159

Von der Route d'Oltingue, an der ein modernes Wohnquartier entsteht, hat man einen guten Blick über das kleine Dorf gegen die Landskronkette und den Blauen. Bis um 1800 gehörte Liebenswiller kirchlich zum solothurnischen Rodersdorf.

LIEBENSWILLER

An der Strasse, die von Leymen durch den Britzgywald nach Oltingen – vom Leimental ins Illtal – führt, befindet sich Liebenswiller. Das Dorf und seine Kulturflächen sind fast vollständig von jenem Wald umgeben, dem die ersten Bewohner von Liebenswiller diesen Siedlungsplatz durch Rodung abgerungen haben.

Als „Theotbertswilare" wird das Dorf bereits 829 fassbar in einem Güterverzeichnis des Klosters Murbach. Später war es ein Lehen der Grafen von Pfirt. Nach deren Aussterben wurde das Dorf österreichisch und nach 1648 französisch. Ab 1478 bis zur französischen Revolution übten die Herren von Wessenberg die Dorfherrschaft aus. Erst in einer Quelle von 1489 findet sich eine Schreibweise des Ortsnamens, die der heutigen nahe kommt: Liepretzwilr.

Die Einwohner gehörten bis 1803 kirchlich zu Rodersdorf. In der Reformationszeit, als in der Kirche von Rodersdorf für kurze Zeit neugläubige Pfarrer wirkten, weigerten sich die Leute von Liebenswiller, den Kirchzehnten nach Rodersdorf zu liefern, da dort nicht mehr die heilige Messe gelesen würde (1531). Ein Beschluss von 1676, die neue Kirche der weitläufigen Pfarrei, zu der auch Biederthal und Burg gehörten, halbwegs zwischen Liebenswiller und Rodersdorf zu bauen, kam nicht zustande; angeblich sei das bereitgelegene Baumaterial in einer Nacht von unbekannter Hand zurück ins Dorf getragen worden.

Seit 1669 besass Liebenswiller übrigens eine Kapelle, die vom damaligen Pfarrer Marx Aeschi auf eigene Kosten errichtet und dem heiligen Markus geweiht wurde. Der auch in Rodersdorf selbst als grosser Wohltäter in die Annalen eingegangene Pfarrherr stiftete ferner eine Glocke, einen Kelch und die nötigen Paramente. Schliesslich gründete er eine Stiftung, aus deren Zins der jeweilige Rodersdorfer Pfarrer monatlich eine Messe in der Kapelle zu lesen hatte. Der Kapellenbau war die handfeste Antwort von Pfarrer Aeschi auf das 1667 ausgesprochene Verbot Frankreichs, die Landesgrenze zu überschreiten. Diese Anordnung des französischen Finanzministers gehörte ins Konzept des Merkantilismus.

Im 18. Jahrhundert verlangten die Leute von Liebenswiller wiederholt die kirchliche Loslösung von Rodersdorf. Nach der französischen Revolution erfolgte sie 1791 tatsächlich, aber ohne kirchenrechtliche Grundlage. Die definitive Abtrennung wurde 1803 vollzogen, bei gleichzeitiger Angliederung an die Pfarrei Leymen. Seit 1847 ist Liebenswiller eine selbständige Pfarrei.

Wer von Rodersdorf – auf dem alten Kirchweg der Liebenswiller Leute – kommt, erblickt schon bei den ersten Häusern die Dorfkirche mit dem neo-romanischen Kirchturm von 1821.
Ursprünglich besass Liebenswiller keine Kirche. Die Verstorbenen mussten nach Rodersdorf verbracht werden, wo sie bestattet wurden. Noch heute kennt man das „Totenbrücklein" am Weg, der die beiden Gemeinden miteinander verbindet.

Frühling in Liebenswiller.

Die kurze Rue du paradis, Paradiesstrasse, führt hinaus zu den Feldern und zum bewaldeten Landenbühl unterhalb des Dorfes.

Neben mehreren Altarbildern von Karl Georg Kaiser, einem fleissigen Deschwanden-Schüler aus Stans NW (1843-1916), wird die Dorfkirche mit Glasmalereien aus dem Kleinbasler „Atelier de Peinture sur verre, Kuhn" geschmückt.

Kaum im Elsass, und schon kräht der gallische Hahn ...

Natürliche Ufer säumen den jungen Birsig zwischen Leymen und Liebenswiller.

Rodersdorf
Rodeschdof
Chie
Schmuggler

Kanton Solothurn
Bezirk Dorneck
Höhe m.ü.M.　　　　　375
Fläche in ha　　　　　538
Einwohner (1991)　　　1'085

Die 1678 neu erbaute Laurentius-Kirche besitzt einen Turm mit „burgundischem" Abschluss. Das ruft uns in Erinnerung, dass wir uns hier in einer Kontaktzone zweier Kulturen befinden.

RODERSDORF

Von den Solothurner Leimental-Dörfern wird nur das Gebiet von Rodersdorf vom Birsig durchflossen. Im Dorf, das auf drei Seiten von Frankreich umgeben ist, wird das nahe Elsass im ländlichen Baustil, aber auch etwa in der Sprache der alten Einwohner deutlich spürbar.

Der Ortsname Rodersdorf soll auf den Eigennamen Ratolf zurückgehen; als frühere Formen findet man in den Akten u.a. Ratolzdorf und Ratelsdorf. Die urkundlich erste Erwähnung datiert ins Jahr 1189. Die Adeligen von Ratolsdorf waren versippt mit denen von Biederdan (Schloss Burg), von Blauenstein (bei Kleinlützel) und von Rotberg. Die Ratolsdorfer starben 1449 aus. Die bedeutendsten Grundherren in Rodersdorf waren die Grafen von Pfirt, die den Dinghof und den Kirchensatz 1277 an die Ritter von Rotberg verliehen. Nach dem Aussterben der Pfirter fiel Rodersdorf mit allen Rechten ans Haus Oesterreich-Habsburg, das wiederum die Rotberger damit belehnte. 1514 wandelte Kaiser Maximilian das Reichslehen in ein finanzielles Lehen um, was Arnold von Rotberg die Möglichkeit gab, Rodersdorf zusammen mit Metzerlen, Hofstetten und Witterswil 1515 an die Stadt Solothurn zu verkaufen.
1529/30 neigte sich ein Teil der Gemeinde der Reformation zu, blieb aber trotz Bildersturm und Berufung eines

reformierten Predigers schliesslich doch beim alten Glauben. Durch seine extreme Grenzlage litt das Dorf wiederholt stark bei kriegerischen Ereignissen. 1409 waren es die Basler, 1445 die Solothurner, die das Dorf einäscherten. In den Wirren des Dreissigjährigen Krieges hatte es mehrfach mit den Schweden zu tun. Das schlimmste Jahr war 1639, als die Kaiserlichen 80 Pferde und 60 Stück Vieh aus dem Dorf trieben. Während den Jahren 1792 bis 1815 war Rodersdorf zusammen mit den anderen solothurnischen Leimental-Gemeinden eine Exklave, die vollständig von Frankreich umgeben war. Bis 1803 resp. 1805 war die Laurentius-Kirche auch die Pfarrkirche für Biederthal, Burg und Liebenswiller. Der Rodersdorfer Geistliche stand zumindest bis zur Auflösung der alten politischen Verhältnisse einer trinationalen Pfarrei vor: In seiner Kirchgemeinde waren Angehörige vom eidgenössischen Solothurn (Rodersdorf), von der fürstbischöflichen Herrschaft Wessenberg (Burg) und von Frankreich (Biedertal und Liebenswiller).

Nebliger Januarnachmittag an der Verbindungsstrasse zwischen Rodersdorf und Metzerlen.

Altes Bauernhaus mit buckeligen Eckquadern und Aussenbackofen.

Dorfpartie mit Häusern aus der Zeit, als Rodersdorf noch ausschliesslich ein Bauerndorf war.

Auf dem Hochaltar von 1680 begegnen wir den solothurnischen Standesheiligen Urs und Viktor (im Bild).

Schöne Bäume beschatten den Kirchhof.

Wer vom französischen Biederthal her kommt, den grüsst zuerst etwas typisch Schweizerisches: das an der Landesgrenze gelegene Schützenhaus.

Hart an der Landesgrenze gegen Leymen entstand seit 1968 eine Pflanzland- und Wochenendhaus-Kolonie, in der viele Basler Familien ihre Freizeit verbringen.

Rodersdorf ist Endstation der internationalen BLT-Tramlinie 10. Der auffallend grosse Bahnhof mit dem Buffet ist ein Zeuge jener Zeit, als man – vor dem 1. Weltkrieg – noch davon träumte, die Birsigtalbahn bis nach Pfirt und Bonfol zu verlängern. Damit wären direkte Züge von der Heuwaage bis nach Belfort möglich geworden ...!

Biederthal
Bierdel
Biedel
Bierdelheere
Biedler Heere

Département Haut-Rhin
Arrondissement d'Altkirch
Höhe m.ü.M. 398
Fläche in ha 411
Einwohner (1993) 232

Die Portalkrönung am Schloss mit den Wappen von Joseph Franz Karl Peter Reich von Reichenstein und seiner Gattin Maria Karolina Friderica Fidelis Rinck von Baldenstein, einem alten Bündner Geschlecht, dessen Basler Linie dem Bistum drei Fürstbischöfe und zahlreiche kirchliche Amtsträger und Beamte stellte. Der Türsturz trägt die Jahrzahl 1733, die wappengeschmückte Bekrönung dürfte etwa um 1775 entstanden sein.

Biederthal

BIEDERTHAL

Als „Biederdan" taucht der Ort bereits 1141 in den Archiven auf. Der Dinghof befand sich ursprünglich im Besitz der lokalen Adelsfamilie Biederthal-Ratolsdorf, die ihn von den Grafen von Pfirt als Lehen empfangen hatte. Von einer Burg des 12. Jahrhunderts auf dem Geissberg, dem Hügel über dem Dorf, haben sich keine sichtbaren Spuren erhalten. Eine kleine Weiherburg, über deren Geschichte wenig bekannt ist, befand sich zudem in der Nähe des Hofgutes Leihausen. Sie war vermutlich eine Gründung des gleichen lokalen Adelsgeschlechts.
Die am Birsig gelegene Untere Mühle findet bereits 1302 erste Erwähnung.

Nach der Heirat der letzten Pfirterin mit einem Habsburger (1324) fiel Biederthal an Oesterreich, das zuerst die Rotberger, später zu gleichen Teilen die Herren von Andlau und die von Reichenstein belehnte. Von 1580 bis in die Zeit der französischen Revolution waren die Freiherren Reich von Reichenstein alleinige Dorfherren. Das von ihnen erbaute Schloss und Hofgut blieb sogar bis 1857 Reichensteinischer Besitz. Die wappengeschmückte Portalkrönung am Schloss und das wertvolle Messgerät in der Pfarrkirche erinnern noch heute an die einstige Präsenz dieser Adelsfamilie.

Das dem Erzengel Michael geweihte Gotteshaus bildete bis 1803 eine Filiale der Pfarrei Rodersdorf, zu der ausserdem die Dörfer Burg und Liebenswiller gehörten. 1803 erfolgte – gegen den Willen der Biederthaler Kirchgenossen – die Abtrennung und gleichzeitige Vereinigung mit der Pfarrei Wolschwiller. Erst 1842 wurde St. Michael kirchlich zur selbständigen Pfarrei erklärt.

Der einzige Aussenhof der Gemeinde, das stattliche Hofgut Leihausen (Löwenhausen), wird bereits 1361 erstmals erwähnt. Er gehörte im Mittelalter lange zur Herrschaft Rotberg und gelangte im Jahre 1515 durch Kauf an Solothurn. 1671 erwarb ein in Leymen wohnhafter Reich das Hofgut und begründete den Zweig der Reich von Leihausen. Bereits nach dem Dreissigjährigen Krieg, der auch Biederthal und Leihausen nicht verschone, soll das in einer sanften Mulde gelegene Anwesen eine Versammlungsstätte der Täufer gewesen sein. Die Niederlassungsbewilligung hatten sie vom Bischof von Basel erhalten. Im 19. Jahrhundert ging der Besitz an den Baron von Reinach-Hirtzbach und um die letzte Jahrhundertwende an eine Täuferfamilie, die ihn auch gegenwärtig bewirtschaftet.

Das Reichensteinische Schloss, erbaut um 1580.

Manche Häuser in Biederthal zeigen erst seit einer gründlichen Renovation, dass sie eigentlich Fachwerkhäuser sind.

Die auf einer Anhöhe über dem Dorf gelegene St. Michael-Kirche ist seit 1842 Pfarrkirche.

Das Sundgauer Wohnhaus mit den Klebdächern gehört zu den auffälligsten Profanbauten des kleinen Dorfes.

Wie merkwürdig die Grenzverhältnisse im hinteren Leimental sind, lässt sich auch an diesen französischen Wegweisern ablesen.

Die heutigen Pferde brauchen keinen Hafer mehr ...

Das Leimental ist auch ein beliebtes Gebiet für Fahrten mit Pferdewagen.

Burg im Leimental
Burg
Chochleffel

Kanton Bern
Amtsbezirk Laufen
ab 1. Januar 1994:
Kanton Basel-Landschaft
Bezirk Laufen
Höhe m.ü.M. 481
Fläche in ha 284
Einwohner (1991) 207

Abendstimmung am Schlossberg.

Burg

BURG

Am Fuss des früher mehr begangenen Remelpasses und durchflossen vom ganz jungen Birsig liegt die kleine Gemeinde Burg. Sie hat ihren Namen vom Schloss, das auf einem Kalkfelsen über der Siedlung thront.
Der Name für den Ort und das Schloss ist relativ jung. In den mittelalterlichen Quellen liest man – in den verschiedensten Varianten – von Bidertan, eine Benennung, die später zur alleinigen Bezeichnung des Dorfes Biederthal wurde.

Nachdem um 1160 die edelfreien Herren von Biederthal ausgestorben waren, wurde ihr Besitz durch Kaiser Friedrich Barbarossa eingezogen. Als kaiserliches Lehen gelangte das Schloss Bidirtan 1168 an den elsässischen Landgrafen Albrecht III. von Habsburg. Damals gehörten die Feste auf dem Felsen und das heutige Dorf Biederthal noch zusammen. Unter einem aus dem Hause Ratolsdorf erscheinenden Zweig, der sich ebenfalls „von Biederthal" nannte, entstand um 1250 die heutige Feste. Sie gelangte noch im 13. Jahrhundert durch Kauf an den Bischof von Basel, der zunächst die Herren von Biederthal belehnte. Um 1400 erschienen dann die mit ihnen und mit den Ratolsdorfern verwandten Herren von Wessenberg als Inhaber des bischöflichen Lehens. Die Wessenberger hatten vor allem im Schwarzwald grosse Besitzungen.

Um 1520 scheiterte der Versuch, den Besitz an die Stadt Basel zu verkaufen. So blieben die Besitzverhältnisse bis zum Ende des Fürstbistums. Das Geschlecht selbst starb 1866 aus.

Vermutlich bereits im 13. Jahrhundert wurde das Schloss vom Dorf Bidertan getrennt. Letzteres blieb bis zum Dreissigjährigen Krieg ein Lehen der österreichisch-habsburgischen Grafschaft Pfirt und gelangte 1648 unter die französische Krone. Der alte Schlossname Bidertan erlosch im Laufe des späteren Mittelalters. Das am Fusse des Felsens liegende Dörfchen, wohl ursprünglich der Versorgungshof des Schlosses, erhielt den Namen „Burgtal" und schliesslich Burg.

Im Jahre 1784 gelangte die Schlosskapelle (samt einiger Zubehörde) durch die Stiftung von Philipp Karl von Wessenberg an die Bewohner von Burg, welche allerdings noch bis zur Gründung einer selbständigen Pfarrei (1803) nach Rodersdorf kirchgenössig blieben. Die Schlossanlage ist seit 1822 Privatbesitz. Zwischen 1792 und 1815 gehörte Burg zu Frankreich und wurde dann durch die Beschlüsse auf dem Wiener Kongress zum Kanton Bern geschlagen. Seither teilt die Gemeinde das Schicksal mit dem Laufental, das sich nach einem langwierigen Verfahren am 1. Januar 1994 als 5. Bezirk zum Kanton Basel-Landschaft angliederte.

Da das landwirtschaftlich nutzbare Kulturland, vor allem geeignetes Ackerland, im Gemeindegebiet sehr knapp ist, bearbeiten die Burgtaler auch Flächen im benachbarten Elsass. Die Schliessung der Grenzen in den beiden Weltkriegen zwang viele Bauern zur Betriebsaufgabe. Während um 1910 noch zwei Drittel der Berufstätigen in der Landwirtschaft arbeiteten, ist der Anteil heute auf weniger als ein Zehntel gesunken. Die grosse Mehrheit ist heute zum Pendeln gezwungen, was auch die starke Motorisierung der Bevölkerung belegt, obwohl ein Postauto die Verbindung zum BLT-Tram in Flüh gewährleistet.

Vom Schlosshof aus hat man einen vorzüglichen Blick über das hintere Leimental und gegen den ausgedehnten Britzgywald.

Das Schloss Burg präsentiert sich heute hauptsächlich als Bau des 16. bis 18. Jahrhunderts. Im abseits stehenden Glockenturm von 1834 befinden sich Uhr und Zifferblatt vom Basler Spalentor.

Über den steilen Burgweg
gehen sonntags die Einwohner
zur Messe.

Ein Andenken an den Beginn der Grenzbesetzung von 1914, sorgfältig aufgepinselt an eine Scheunenwand.

Das heute „Trotte" genannte Haus darf auf eine lange Geschichte zurückblicken.

Hart an der Landesgrenze steht das seit dem 17. Jahrhundert bekannte Heilbad Burg, das früher von Baslern auch darum gerne aufgesucht wurde, weil der Tanzsaal bereits auf französischem Territorium lag! Das Kuren mit dem mineralhaltigen Wasser und in der gesunden Juraluft ist seit einem Brandunglück im Jahre 1925 nur noch Geschichte.

Wolschwiller
Wolschwiller
Schtricker
Wölf
Muckeschnapper
Drossel

Département Haut-Rhin
Arrondissement d'Altkirch
Canton de Ferrette
Höhe m.ü.M. 461
Fläche in ha 1'014
Einwohner (1993) 420

Exakt auf der Wasserscheide zwischen Birsig und Ill thront die Kirche von Wolschwiller.

WOLSCHWILLER

Auf einem sanften Hügel, der vom Rämel herunterkommt, hat Wolschwiller seinen Platz. Unweit der ersten Häuser an der Route départementale D 23 gegen Biederthal entspringt der elsässische Hauptzufluss zum Birsig; er trägt den etwas ungewohnten Namen „Börsegraben" bis exakt an die Landes- und Gemeindegrenze zwischen Biederthal und Rodersdorf, wo er sich mit dem von Burg herbeiziehenden „Schweizer Beitrag" zum Birsig vereint.

Doch das Regenwasser, das in Wolschwiller auf die Dächer tropft, gelangt nur zum kleineren Teil in den Birsig. Denn hier verläuft auch eine regionale Wasserscheide: Entwässert wird vor allem in die Ill, die erst bei Strassburg in den Rhein mündet, also ein wesentlich längeres „Eigenleben" führt als der Birsig, dessen Lauf nach nur 20 Kilometern im Herzen von Basel endet. Manchmal sind es auch recht üppige Mengen Regenwasser, wenn sich zuvor ein schweres Gewitter über dem Leimental entladen hat. Solche entstehen übrigens häufig in der Wolschwiller Gegend und im hier beginnenden Sundgauer Jura.

Wolschwiller liegt indes nicht nur auf einer Wasserscheide, sondern auch an der Grenze zwischen der Grafschaft Pfirt und dem Fürstbistum. Interessenkollisionen führten hier im hohen Mittelalter wiederholt zu Fehden. 1232 nahm Graf Friedrich II. von Pfirt den Basler Bischof und Rheinbrücke-Erbauer Heinrich von Thun gefangen. Für diese Tat musste er sich der entehrenden Strafe des „Harnescar" in Basel unterwerfen.

„Wolfeswile", wie das Dorf 1231 in einer schriftlichen Quelle genannt wird, bildete den Mittelpunkt eines Meiertums der Herrschaft Pfirt. Zahlreiche Basler Klöster, das Basler Domkapitel sowie Familien des Sundgauer Adels waren begütert. Aus Wolschwiller stammte Meier Hans Stehelin, der Anführer eines Bauernheers, das im Dreissigjährigen Krieg gegen die Schweden auszog. Nach einigen Erfolgen wurden sie von den Schweden bei verschiedenen Gefechten – so auch bei Blotzheim – geschlagen; mehrere Tausend Aufständische sollen dabei umgekommen sein, während sich der Anführer Stehelin nach Laufen absetzen konnte.

Durch den Westfälischen Friedensvertrag kam Wolschwiller wie der ganze österreichische Sundgau unter die französische Krone.

Die Kirche, die den südwestlichen Eckpfeiler des Leimentals bildet, ist wahrscheinlich von hohem Alter. Sie war ursprünglich dem Heiligen Eulogius geweiht; seit dem Wechsel des Patroziniums 1617 ist sie eine Mauritius-Kirche. Der heutige Bau stammt weitgehend von 1780. Am Glockenturm befindet sich ein Ölberg mit Holzfiguren.

Nach der Französischen Revolution durften in Frankreich nur noch Geistliche ihres Amtes walten, die den Eid auf die Republik geschworen hatten. Das wusste auch der Wolschwiller Pfarrer Johann Baptist Enderlin, der den Zivileid nicht leistete, aber dennoch heimlich die Messe feierte. Diese Zusammenkunft wurde verraten; zwei der Teilnehmer, der Maire und der Lehrer, wurden nach Colmar abgeführt und guillotiniert (1793).

Im gleichen Jahr wurde – aus anti-religiösen Motiven – die Wallfahrtskapelle St. Johann Nepomuk zerstört. Beim 1820 wieder errichteten Bethaus am Fussweg nach Burg wohnte früher auch ein Waldbruder. In der Kapelle, die mit mehreren Barock-Altären ausgestattet ist, entdeckt man u.a. Bilder mit dem Heiligen Bruder Klaus und mit dem Seligen Bruder Konrad Scheuber von Wolfenschiessen, die einzige bekannte Darstellung im Elsass.

Wenn Wasser Wi war,
wie wotte Wolschwiller Wyber
Wingle wasche?

Von weitem grüsst der Kirchenbezirk von Wolschwiller.

Auf dem Dorfplatz trifft sich die „jeunesse" mit stärkeren und weniger starken Zweirädern. Die Väter zieht es wohl eher in den „Schwanen" ...

Die Wallfahrtskapelle St. Johann Nepomuk steht auf einer Waldlichtung am Fussweg gegen Burg. Hier soll sich bis ins 15. Jahrhundert das Dörfchen Dieperswiller befunden haben. Der jetzige etwas verwahrloste Bau mit einer bemerkenswerten Barockausstattung stammt von 1820 und wurde bis zum Ersten Weltkrieg von einem Waldbruder betreut.

Im „Börsegraben", vom jungen Birsig durchflossen, kann man noch naturnahe Partien entdecken.

Ein Erlebnis besonderer Art bietet sich dem Wanderer in den frühen Frühlingstagen, wenn er in der urtümlichen Landschaft im „Börsegraben" dem Birsig begegnet, der hier erst ein Rinnsal ist.

Am Abhang des Rämelwaldes entdeckt: ein Güterstein von 1772 mit den Wappen des Klosters Beinwil-Mariastein (Knochen in barocker Kartusche) und des mächtigen französischen Kardinals und Staatsmanns Jules Mazarin.
Der nach dem Dreissigjährigen Krieg vom französischen König in den Herzogsstand erhobene Mazarin erbte die den Österreichern entrissene Grafschaft Pfirt und somit auch dieses Waldstück. Das Pfirtische Land gelangte später auf Umwegen an das Haus Grimaldi und somit zum Fürstentum Monaco. Von dieser Herrlichkeit ist seit der Französischen Revolution nur noch der Adelstitel übrig geblieben, denn: Noch heute trägt der amtierende Fürst von Monaco neben anderen Anreden auch den Titel „Comte de Ferrette".

Wen lockt es nicht, auf dieser Strasse weiterzureisen, hinein ins Elsass, hinein nach Frankreich?

LITERATURAUSWAHL

Annaheim Hans: Basel und seine Nachbarlandschaften. Geographische Heimatkunde. Basel 3.A. 1963

Ballmer Meinrad u.a.: S Baselbiet. Liestal (2. Aufl.) 1989

Baumann Ernst: Führer durch das Birsigtal. Basel 1943/Breitenbach 1972

Baumann Ernst: Vom solothurnischen Leimental. Basel 1980

Baumann Josef: Von Schulhäusern, Schulmeistern und der Schule in Oberwil. Baselbieter Heimatblätter 1986, 42 ff., 65 ff., 98 ff.

Baumann Josef: Von den Beziehungen zwischen Leimental und Sundgau. Jurablätter 1987, 1 ff.

Baumann Josef: Oberwil im Leimental – Neuwiller im Sundgau, Von den Beziehungen zweier Gemeinden. Baselbieter Heimatbuch 18, 1991, 223 ff.

Baur Hans Peter, Heyer Hans Rudolf u.a.: Kirche St. Stephan Therwil, Gedenkschrift zur Restaurierung 1991. (Therwil 1992)

Berner Hans: Landesherrliche Macht und „trotzige puren", Der Konflikt zwischen Fürstbischof Blarer und der Gemeinde Ettingen um die Absetzung des Dorfmeiers 1581-1583. Baselbieter Heimatbuch 17, 1989, 207 ff.

Bossert Eugen: Das Gotteshaus Wisskilch. Baselbieter Heimatblätter 1946, 15 ff.

Brodmann-Kron Margreth: Bittgänge und Wallfahrten
im Leimental. Baselbieter Heimatbuch 18, 1991, 211 ff.

Brodmann-Kron Peter: Erinnerungen an einen Bach.
Baselbieter Heimatbuch 18, 1991, 173 ff.

Brotschi Wilhelm, Gschwind Anton, Hasenböhler Franz u.a.:
Therwil und seine St. Stephans-Kirche. Basel 1965

Bulletin de la Société Industrielle de Mulhouse Nr. 751:
Le Sundgau. Mulhouse 1973

Claus Joseph M.B.: Historisch-Topographisches Wörterbuch
des Elsass. Zabern 1895

Commission régionale d'inventaire d'Alsace:
Images du patrimoine, Canton de Huningue. Mulhouse-Paris 1980

Eichenberger Ueli: Die Agglomeration Basel in ihrer raum-
zeitlichen Struktur. Basler Beiträge zur Geographie 8. Basel 1968

Galland Léon: In Poesie (und) Prosa: Die Geschichte
von Leymen, der Landskron und dem Leimental. s.l. 1974

Germann Jörg: Baudenkmäler im Leimental,
in Allschwil und Schönenbuch. Liestal 1958

Gschwind Andreas: Alte Andachtstätten und Wallfahrtsorte
der Leimentaler Bevölkerung. Jurablätter 1993, 18 ff.

Gutzwiller Paul: Ur- und Frühgeschichte des Leimentals.
(Oberwil) 1991

Haas P. Hieronymus: Wallfahrtsgeschichte von Mariastein.
Mariastein 1973

Heimatkunde Biel-Benken. Liestal 1993

Heimatkunde Binningen. Liestal 1978

Heimatkunde Ettingen. Liestal 1993

Heimatkunde Oberwil. Liestal 1989

Heitz August: Grenzen und Grenzzeichen der Kantone Baselstadt und Baselland. Liestal 1964 (= Quellen und Forschungen zur Geschichte und Landeskunde des Kantons Baselland, Band 5)

Heyer Hans-Rudolf: Die Kunstdenkmäler des Kantons Basel-Landschaft, Band 1: Der Bezirk Arlesheim. Basel 1969

Heyer Hans-Rudolf: Die romantischen Wandbilder im katholischen Pfarrhaus in Oberwil. Baselbieter Heimatblätter 1972, 145 ff. (Siehe auch: Regio Basiliensis XIII, 22 ff.)

Hügin Peter: Leben an Grenzen. Baselbieter Heimatbuch 18, 1991, 235 ff.

Leimgruber Walter: Studien zur Dynamik und zum Strukturwandel der Bevölkerung im südlichen Umland von Basel. Basler Beiträge zur Geographie 15. Basel 1972

Leimgruber Walter: Leimental und Birseck im Abstand von 150 Jahren, Veränderung der Kulturlandschaft im Birseck und Leimental. Regio Basiliensis XIII, 25 ff.

Leimgruber Walter: Leimental und Bruderholz (= Geographischer Exkursionsführer der Region Basel 04). Basel 1979

Lienhart Hans: Elsässische Ortsneckereien. Colmar 1927 (Frz. Übersetzung unter dem Titel: Surnoms et Sobriquets des Villes et Villages d'Alsace. Steinbrunn-le-Haut 1987)

Meier Eugen A[nton]: Badefreuden im Alten Basel samt einer Beschreibung der historischen Gesundbrunnen im Baselbiet und im Leimental. Basel 1982

Meyer Werner: Burgen von A bis Z. Burgenlexikon der Regio.
Basel 1981

Moog Berthold: Knochenstampfe in Therwil BL.
Industriearchäologie, Zs. für Technikgeschichte, H.3, 1 ff.

Müller Christian Adolf: Erinnerungen an Benken im Leimental.
Basel 1943

Munck André, Glotz Marc, Claerr Stamm Gabrielle:
Le Guide du Sundgau. Strasbourg 1989

Nebiker Regula: Bottmingen und Binningen,
Seit 150 Jahren eigenständige Gemeinden, Der Weg der Trennung.
(= Quellen und Forschungen, Bd. 27.) 27. Liestal 1987

Nussbaumer Emil: Solothurnisches Leimental. Breitenbach 1981

Oberlé Raymond, Sittler Lucien (Hgg.):
Le Haut-Rhin, Dictionnaire des Communes. Colmar 1980-82

Obrecht Andreas: Vom Rebbau im Leimental.
Jurablätter 1987, 8 ff.

Obrecht Andreas: Weltgeschichte im Leimental. (Bättwil) 1987

Pfluger Elisabeth: Vill Haag und weeni Garte. Solothurn 1990

Schenker P. Lukas: Mariastein, Führer durch Wallfahrt
und Kloster. Einsiedeln 1989

Schwabe Hansrudolf et al.: BTB + BEB + TBA + BUeB = BLT,
100 Jahre öffentlicher Regionalverkehr in der Nordschweiz.
Basel 1987

Statistisches Bureau des Ministeriums für Elsass-Lothringen (Hg.):
Das Reichsland Elsass-Lothringen. Strassburg 1901-03

Stintzi Paul: Die Landskron und das elsässische Leimental. Laufen 1949

Stintzi Paul: Der Sundgau. Colmar 1943 / Freiburg i.Br. 1985

Strub Brigitta: Baselbieter Haus von Therwil. Auftragsarbeit des FLM Ballenberg. Ms (Basel) 1990

Verkehrsverein des Birsig- und Leimentals (Hg.): Leimental. s.l. 1980

Wasmer Kurt, Vettiger Barbara, Wunderlin Dominik, Furter Martin: Die Staatsgrenze als Kulturlandschaftsgrenze, dargestellt am Beispiel der Landwirtschaft in Biederthal (F) und Rodersdorf (CH) (= Basler Feldbuch, Berichte und Forschungen zur Humangeographie 2) Basel 1982

Wilsdorf Christian: Histoire des Comtes de Ferrette (1105-1324). Altkirch 1991

Wunderlin Dominik: Wein in Riehen – Wein um Basel, Kulturhistorischer Streifzug durch die Weinlandschaft im Dreiländereck. Riehen 1986

Wunderlin Dominik: Vom Schmuggel an der Schweizer Grenze. Volkskunst (München) 13/1990, Heft 3, 8 ff.

Wyss Gottlieb: Geschichte der Burg Reichenstein. Basel 1933

Zihlmann-Lovric Viktor: Hermann Hiltbrunner (1893-1961) – Der Schweizer Schriftsteller aus Biel-Benken, In: Baselbieter Heimatblätter 58, 1993, 77 ff.

Im GS-Verlag Basel sind ferner folgende Titel erschienen:

Josy Nussbaumer/Ernst Schläpfer
Baselbieter Trüübel
Kostbarkeiten aus Kunst, Kultur, Küche und Keller
269 Seiten, mit Schwarzweiss-Fotos, broschiert

Dieses handliche, mit Fotografien überaus reich illustrierte Buch ist mehr als ein Führer durch eine landschaftlich abwechslungsreiche und historisch sowie kulturell besuchenswerte Gegend. Ausser Informationen über die Vergangenheit des Kantons kommen zwei Themen der Gegenwart ausführlich zur Sprache: die Küche und der Weinbau.

Gerda Conzetti
Elsässer Driwele
Streifzüge durchs Elsass und die Elsässer Küche
108 Seiten, mit Schwarzweiss-Fotos, broschiert

Mit leichter Feder beschreibt die durch verwandtschaftliche Beziehungen von Kindesbeinen mit dem Elsass eng verbundene Autorin ihre Begegnung mit den Menschen und Bräuchen. Sie weiss, wo noch das Typische zuhause ist, auch in der Elsässer Küche.

Kurt Ückert
Markgräfler Drüübli
Streifzüge durchs Markgräflerland und die angrenzenden Gebiete
164 Seiten, mit Schwarzweiss-Fotos, broschiert

Der im Kleinen Wiesental geborene Autor kennt das Markgräflerland wie seine Westentasche. Sicher führt er den Besucher vor allem zu den historischen und landschaftlichen Sehenswürdigkeiten. Dem Benützer des Führers helfen Kartenausschnitte und Fotos, zum Ziel zu gelangen.